HISTORIQUE

du

326ᵐᵉ RÉGIMENT D'INFANTERIE

depuis la Mobilisation jusqu'en 1916

BRIVE, IMPRIMERIE DE LA RÉPUBLIQUE

Le 326ᵐᵉ Régiment d'Infanterie

AU FEU

A LA MÉMOIRE

des

Officiers, Sous-Officiers, Caporaux et Soldats

DU 326ᴹᴱ

qui ont donné leur vie pour la France

BRIVE

IMPRIMERIE DE « LA RÉPUBLIQUE »

—

1920

Drapeau du 326ᵉ

porté par le Lᵗ-Colonel LARUELLE, ancien Chef de Corps du 326ᵉ, commandant actuellement le 126ᵉ

CHAPITRE PREMIER

ILS appartiennent, presque tous, à cette riante cité de Brive-la-Gaillarde, à ce Limousin, leur seconde Patrie. Partout, ils ont justifié ce nom de « Fiers Gaillards », connu des combats les plus meurtriers. Depuis le 2 août 1914, ce premier jour où ils sont partis pour la grande épopée, il s'est écoulé plus de cinq années de tristesse, de souffrance, de gloire et d'héroïsme. Le souvenir en persiste vivace, ardent, au cœur de tous.

L'ordre de mobilisation générale est à peine connu qu'aussitôt, de nombreux réservistes, ouvriers, paysans, avec leurs pauvres bagages, se présentent à la Caserne Brune. Ils ont l'air grave, sans tristesse, ils ne chantent pas ; ils ne manifestent pas. L'animation est grande en ville ; les mobilisés affluent par tous les chemins. Quelques-uns se mêlent à l'enthousiasme indescriptible de la population ; la plupart, plus calmes, s'acheminent vers la caserne. Beaucoup d'officiers, arrivés depuis la veille, et parfaitement équipés, leur font un accueil chaleureux. On se reconnaît, on s'embrasse, et, dans cette camaraderie parfaite et spontanée, on sent la confiance. On n'est plus qu'un dans un même effort, dans un même élan, dans un même espoir.

Il en est aussi qui se dirigent vers la gare, souriants, allègres, entonnant les vieux hymnes de gloire. Ils sont joyeux, ils partent enthousiastes, c'est leur devoir. La France, leur grande Patrie, les appelle.

Deux ou trois jours écoulés et tous ont revêtu l'uniforme, orné des écussons « 326 ». Les services s'organisent, et, étant donné la bonne volonté de chacun, tout se passe à merveille. A la suite du 126e, le 326e marche à la conquête d'une gloire immortelle.

Constitué à deux bataillons, il s'embarque à Brive le 11 août 1914, et part, en deux éléments, sous le commandement du lieutenant-colonel Muzard. Le capitaine Larrieu commande le 5e bataillon, le chef de bataillon Collet commande le 6e. Beau régiment, à l'allure crâne et décidée, qu'une foule en délire accompagne jusqu'au quai d'embarquement. Les mères, les épouses, graves et émues, ont le cœur gonflé de larmes ; les hommes sont forts, sourient. Quelques visages, cependant, portent la marque d'un trouble farouche, mais ce n'est point à cause de ce qu'ils ont devant eux, de l'inconnu qui les attend, c'est à cause de ce qu'ils laissent...... leurs femmes, leurs enfants, leur pays natal, qu'ils quittent pour défendre le grand ; c'est cet avenir-là qui les rend soucieux.

La Garde du Drapeau

Le sifflet strident de la machine retentit et le train part : derniers « au revoir ! » ; derniers adieux ! Les convois se succèdent ainsi régulièrement. On s'arrête parfois dans les gares, on fleurit les wagons : les vieux territoriaux, à leur poste, saluent au passage. Les femmes, les enfants, agitent leurs mouchoirs. Ils ont peut-être envie de pleurer, mais l'entrain des soldats de France les fait sourire.

Après quelques jours de voyage, le Régiment débarque à Villers-Daucourt, dans la nuit du 12 au 13 août. Il prend le bivouac à l'ouest de Villers-en-Argonne, qu'il quitte pour se porter sur Waly où il cantonne, le même jour. Étape fort pénible, en raison de la température torride et de l'état de fatigue de ces hommes, qui n'ont pas dormi depuis trois nuits. La bonne humeur persiste. Le 14 août, au matin, le Régiment est dirigé vers le nord ; dès lors, pendant plusieurs jours, ce ne sera que de longues marches, combien dures et épuisantes !... Marches au cours desquelles, jeunes et vieux feront preuve d'un courage et d'une endurance remarquables. L'Etat-Major et le 6e bataillon vont cantonner à Neuvilly ; le 5e, à Aubreville. Le lendemain, départ pour Baulny (5 kilomètres au nord de Varennes), et, successivement, étapes à Tailly, La Neuville-sur-Meuse, Lusy. Le 20 août, le 326e est à Malandry-Inor, le 21 à Blagny-Linay. Il n'a pris part, jusque-là, à aucune opération active.

L'armée entame son mouvement offensif vers le nord, le 22 août.

La 24e division d'infanterie, dont les premiers éléments ont atteint Florenville, doit déboucher de ce point initial à 4 heures ; son objectif est Rocogne par Saint-Médard.

Le 326e a été disloqué dès la veille ; le 5e bataillon, cantonné à Linay, a pour mission de garder les ponts de La Ferté-sur-Chiers, de Mouilly, de Linay, de Blagny ; le 6e bataillon, qui est à Les-Deux-Villes, se porte sur Florenville, où il est commis à la garde des issues et des Parcs d'artillerie de corps et d'artillerie lourde. Le 23, le 5e bataillon est mis en marche dans la direction de Stramond, et à la disposition de la 47e brigade. Peu après, il doit occuper Chimy, par une compagnie, et diriger le gros des forces au sud-est, vers la Ferme de Griffaumont, pour se mettre en relations avec le Corps Colonial, qui tient Zamargues et Izel. Les ponts de la Cuisine et de Ternay sont gardés chacun par une section. Ces positions sont mises en état de défense. Le contact avec l'ennemi n'est pas pris.

Ce bataillon se replie le même jour à 16 heures, sur Florenville, en même temps que les troupes de la 24e division d'infanterie, et va cantonner à Cherbeaux.

Le canon tonne. On se bat au loin. Demain, peut-être dans quelques heures, ce sera dans nos rangs. Le lendemain, le 326e est engagé.

CHAPITRE II

E 24 août, au matin, le 6e bataillon se porte à Mont Tilleul, pour servir de soutien à l'artillerie qui est installée sur la crête de Blagny. Quelques heures après, par ordre du général commandant la 24e division, ce bataillon et la compagnie Mazet du 5e bataillon vont à la ferme de Way, en utilisant le couloir formé par les pentes nord-est de « Mont Tilleul » et la Côte 253. Là, le commandant de la 47e brigade leur donne pour objectif, la croupe est-ouest qui domine la ferme N. Ces deux unités s'élancent à l'assaut, drapeau déployé, pendant que le caporal clairon Rouhaud sonne la charge. Le mouvement est brillamment exécuté, malgré une violente canonnade de l'artillerie lourde allemande et un feu nourri d'infanterie. Sur le point d'être tournées, elles sont obligées de se replier.

Pendant ce temps, le capitaine Larrieu, commandant le 5e bataillon, voyant refluer des éléments de divers régiments, prend la décision de se porter, avec deux compagnies, vers les « Deux-Villes » pour protéger la retraite. Il passe la nuit en vue de ce village en flammes sans être inquiété.

A trois heures, ces deux compagnies franchissent la Chiers à Linay, et sont dirigés sur Inor. La marche continue sur Beaumont, où le Régiment se trouve enfin réuni.

Ce premier engagement qui a coûté : un tué, 25 blessés, 28 disparus, a produit un peu d'étonnement. On ne s'attendait pas à «recevoir» un aussi grand nombre de gros projectiles ; les mitrailleuses sont innombrables et bien servies. Cette mauvaise impression de début est vite dissipée par le désir de vaincre, de connaître davantage.

*
**

YONCQ

Le Régiment quitte Beaumont le lendemain à 4 heures et marche dans la direction de Mouzon ; l'Etat-Major, le 5e bataillon se portant à l'est, près de Yoncq. A 8 heures 35, ce bataillon est mis à la disposition de la 48e brigade. Le 6e bataillon qui a été envoyé à La Besace, est rappelé sous La Belle-Epine. A son passage, il est maintenu à l'extrêmité est de Yoncq ; le soir, il cantonne à La Besace. Le 27, au matin,, le 5e bataillon reçoit l'ordre de se porter à La Belle-Epine ; le 6e est rappelé à Yoncq et se place en réserve sur les pentes sud du mamelon côte 255 où, durant toute la journée, il établit des lignes successives de tranchées.

A 17 heures, ce bataillon qui devait suivre d'abord le 126e pour l'attaque générale, reçoit la mission d'établir, vers le bois de Vailly, la liaison avec la 23e. division d'infanterie. La 23e compagnie (Capitaine Roussarie), est détachée sur ce point à la nuit tombante.

Le bivouac est établi au pied des pentes sud de la Côte 255, laissant sur la crête la 22 Cie qui fournit les avant-postes.

Le lendemain matin, la 22e compagnie a engagé la fusillade ; le 6e bataillon va réoccuper ses tranchées, qu'il garde jusque vers 13 heures.

L'ennemi bombarde nos positions sans discontinuer, et cause des pertes sérieuses, pendant que l'infanterie exécute un feu très nourri. Le 5e bataillon cherche la liaison avec le 126e. Ne recevant pas d'ordre le capitaine Larrieu se décide à « marcher au canon ». Prenant un dispositif largement articulé, il traverse le bois de Yoncq, salué par de nombreux « 77 » qui font peu de victimes, et vient se mettre aux ordres du colonel Dubois commandant le 126e, qu'il trouve dans le ravin de Yoncq. Aussitôt deux compagnies sont envoyées pour soutenir le 100e ; leur tâche est rude. les pertes sont sensibles. Le capitaine Portes, venu de sa retraite, se fait bravement tuer à la tête de son unité.

La bataille fait rage ; malgré l'énergie, la bravoure de chacun. il faut battre en retraite, céder le pas à regret devant un ennemi supérieur en nombre. On se replie sur La Besace ; à proximité, un groupe de « 155 » fait un excellent « travail ». Le lieutenant-colonel Bernard, qui commande ce groupe, obtient du capitaine Larrieu, la protection nécessaire pour amener ses pièces ; il a même le temps d'exécuter de plein fouet, un tir violent sur les colonnes allemandes qui débouchent en rangs serrés du Bois de Yoncq. Sous l'éclatement des « 155 », qui font des brèches épouvantables, les masses ennemies hésitent, se disloquent. Tous les coups « portent » et chaque « arrivée » répand de nombreux cadavres, arrête la marche en avant : vision terrible qui inspire confiance et ramène un sourire de satisfaction sur les visages sombres et farouches de nos soldats.

Le combat terminé, le 5e bataillon va cantonner à La Berlière.

Par suite d'un violent tir d'artillerie sur des positions très exposées et sans abris, les pertes subies au cours de cette action sont très lourdes : seize tués, cent quatre-vingt-quatre blessés, quatre-vingt-et-un disparus. Le commandant Collet est tué en allant reconnaître les positions ennemies en avant de nos lignes. Le Régiment se reforme à Noiral, puis va cantonner à Vandy où il reçoit un premier renfort de un officier, 113 sous-officiers, caporaux ou soldats venus du Dépôt.

Le 30 août, il s'installe facilement par bataillons accolés, à larges intervalles, au nord-est de Vandy, puis va cantonner à Vrizy. Le 31 août, marche vers le nord sur Voncq.

*
* *

VONCQ

Le Régiment forme l'avant-garde de la division. A l'entrée

Lieutenant-Colonel Muzard, commandant le 326e R. I.
tué à la bataille de Voncq, 30 août 1914

du village les éclaireurs rencontrent des uhlans, dont quelques-uns sont tués. La marche continue lentement ; dans Voncq abandonné, l'ennemi avait préparé un repas fort copieux.

L'avant-garde passe et « regarde seulement » cette table soigneusement garnie ; d'autres profiteront de l'aubaine, car au 326e, on est tout à son devoir. Les premiers fantassins ennemis sont refoulés au nord du village ; la résistance semble s'affirmer à hauteur de Semuy, fortement occupé. A ce moment, une batterie allemande se place à moins de 400 mètres. Le bataillon Larrieu se déploie comme à la manœuvre, le canon tonne, la fusillade est violente ; il y a des morts, des blessés, qu'importe ! Le 326e tient bon. Il s'arrête par ordre. Vers 8 heures, le colonel Muzard est blessé mortellement. Le commandement du 326e revient au capitaine Larrieu, le capitaine Lamartinie commande le 5e bataillon. A 22 heures, le lieutenant Baudry, avec la 19e compagnie, part en reconnaissance à Semuy ; il ramène un capitaine et 72 prisonniers du 139e régiment d'infanterie saxonne.

Le moral est excellent ; l'ennemi a cédé devant notre acharnement. Est à signaler, pendant cet engagement, la brillante conduite du capitaine Lamartinie, des lieutenants Baudry et Kuhnholtz-Lordat.

Assez éprouvé, le Régiment se replie sur Marvaux où il arrive à 18 heures ; il reçoit un renfort de deux officiers, 13 sous-officiers, 16 caporaux et 200 soldats.

Quelques heures après, il quitte ce village et vient bivouaquer à deux kilomètres sud-est de Somme-Py.

❧ ❧ ❧ ❧ ❧ ❧ ❧ ❧ ❧ ❧ ❧ ❧ ❧

CHAPITRE III

LA division bat en retraite. Le 2 septembre, le 326e doit suivre la 47e brigade par Sainte-Marie-à-Py, Saint-Souplet, Saint-Hilaire-le-Grand.

Il se forme en ligne de bataillons en colonne double à larges intervalles et à un kilomètre nord-est de l'intersection de la voie romaine avec la route Saint-Souplet, Saint-Hilaire-le-Grand.

A peine installé, il reçoit l'ordre, du général commandant la 47e brigade, d'occuper et d'organiser la défense de la ligne Côte 174, Côte 185. A 13 heures, le Régiment est établi sur la Côte 174, les deux bataillons accolés, dispositif largement articulé sous bois. Des tranchées sont construites en hâte, mais sont insuffisantes pour protéger efficacement contre l'artillerie qui commence, vers 17 heures, un tir violent sur ces positions. Il y a quelques tués et blessés.

Le 6e bataillon (capitaine Roussarie) reste en position d'avant-poste. L'Etat-Major et le 5e bataillon vont cantonner à Saint-Hilaire-le-Grand. Les 17e et 20e compagnies passent la nuit sous les armes.

Le 3 septembre, ordre est donné au 5e bataillon de former une flanc-garde à l'ouest, la 24e division d'infanterie se repliant, en trois colonnes, sur la ligne Vadenay-Saint-Etienne-au-Temple. Le départ a lieu à 13 heures 30. La 20e compagnie, laissée provisoirement à Saint-Hilaire-le-Grand, rejoint le 6e bataillon à Dampierre-au-Temple.

Les 17e, 18e et 19e compagnies sont placées en réserve, à la disposition du général commandant la 24e division d'infanterie, un kilomètre au nord de Saint-Etienne-au-Temple. La journée se passe sans incident ; dans la soirée, le Régiment va bivouaquer à l'est de ce village.

Pour éviter toute surprise et permettre au Régiment de se replier, deux compagnies, sous les ordres du capitaine Collombier, sont placées de chaque côté de la grand'route de Suippes ; une pièce d'artillerie de campagne est mise en batterie, prête à balayer la route, de ses feux. Une autre compagnie est en arrière et à droite sur la crête nord-est de Saint-Etienne-au-Temple.

Ces éléments doivent tenir jusqu'à 0 heure 20. A cette heure, le Régiment se retire par l'Epine, Châlons-sur-Marne et Ormey. Il prend une position en réserve dans le vallon, à 600 mètres sud-ouest de la Côte 114. Les deux bataillons en colonnes doubles à larges intervalles, 6e bataillon en première ligne, 5e en arrière et à gauche. A 19 heures, départ pour Coulmiers.

Sur tout le front la retraite continue, nos troupes se retirent progressivement, pas à pas, devant l'action violente de l'ennemi.

On marche sans repos, sans sommeil, vers le sud ; il faut s'installer à la hâte, organiser de nouvelles positions. Et durant plusieurs jours, ce sont des marches pénibles à travers champs, sur les routes encombrées, des combats meurtriers à notre avantage. Malgré ces fatigues, ces souffrances, le moral est bon ; on a confiance ; ces revers ne seront que passagers, la revanche n'en sera que plus belle.

Le 5 septembre, à 11 heures 30, nouveau repli sur Hablemont, Soulanges, puis sur Blacy. Sur la route de Brienne à Doilly, un capitaine de l'état-major du XIIe corps donne l'ordre verbal de s'embarquer à Loisy-sur-Marne. Les officiers et hommes seuls partent par voie ferrée ; les voitures et les animaux rejoignent par voie de terre. Arrivée à Chavanges vers 17 heures et cantonnement à Molins.

Le 6 septembre, départ pour Lismont où un renfort de cinq officiers et 573 hommes arrivent du Dépôt. Cette fois, l'arrêt est définitif. Fortement renforcé, le Régiment réorganise ses unités qui ont été éprouvées au cours de cette longue et pénible retraite. Les journées glorieuses de Florenville, Blagny, Yoncq, Voncq, nous ont montré la vaillance et la persistance de l'effort du Régiment.

CHAPITRE IV

Sous le commandement du capitaine Larrieu, qui est à sa tête depuis la journée de Voncq, le 326e reprend sa marche vers le nord. A ce moment, les bataillons sont commandés par les capitaines Roussarie et Lamartinie. Les Compagnies, à l'exception de deux, sont aux mains de lieutenants de réserve dont la modestie égale le mérite.

Le 7 septembre, le Régiment occupe Pars-en-Chavanges et doit aller, le 8 septembre, à Lignon. La marche continue le 8 septembre, d'abord vers Gigny-aux-Bois, puis vers Rivières.

A 13 heures 30, ordre lui est donné d'aller occuper les pentes sud-ouest de la Côte 158 à 800 mètres ouest de Blaize-sous-Arzillières. Ce mouvement est à peine commencé, qu'à 15 heures 30, un nouvel ordre vient modifier l'itinéraire.

« Le 326e doit, à tout prix, attaquer, s'emparer et conserver la côte 153 (Mont Morel) évacuée par le Corps colonial. »

Il y a un grand vide dans la ligne de bataille. Le 326e a pour mission de le combler.

Ceux qui connaissent le Mont Morel peuvent se rendre compte des difficultés qu'il a fallu vaincre pour s'emparer d'une position aussi importante, convoitée par les deux adversaires.

C'est une petite colline située à l'est de Châtelraoult, à trois kilomètres de Courdemanges, à 3 kilomètres de Blaize-sous-Arzillières. Elle est isolée et se dresse à 153 mètres. Ses pentes raides sur les versants nord et est, sont plus douces vers le sud et forment à l'ouest deux croupes allongées dont l'une va vers Courdemange, l'autre sur la route de Châtelraoult. Elle constitue un observatoire d'une telle importance que l'ennemi fera des sacrifices énormes pour s'en emparer, mais échouera devant l'héroïque résistance des nôtres, qui seront les « vainqueurs du Mont-Morel ».

Dès le matin, vers dix heures, avant de se porter en avant, le capitaine Larrieu a lu à tout le Régiment le bel ordre du jour par lequel le général Joffre fait connaître que le moment est venu de vaincre ou de mourir :

« Au moment où s'engage une bataille dont dépend le salut du Pays, il importe de rappeler à tous que le moment n'est plus

*de regarder en arrière. Tous les efforts doivent être employés à
refouler l'ennemi.*

« *Une troupe qui ne peut plus avancer devra, coûte que coûte,
garder le terrain conquis et se faire tuer sur place plutôt que
de reculer. Dans les circonstances actuelles, aucune défaillance
ne peut être tolérée.* »

Les hommes, encore fatigués des efforts presque surhumains
qu'ils viennent d'accomplir, sont prêts à se dépenser, à tous se
sacrifier. Ils comprennent, ils sentent que de leur héroïsme, de
leur volonté tenace dépend le « salut du Pays ». L'heure est
venue de prendre la revanche, de battre, d'écraser cet orgueil-
leux ennemi ; chacun fera son devoir. Il faut en finir et pour
la première fois les mots : « Allons-y » sont prononcés avec
entrain et résolution.

Avant l'attaque, le commandant du Régiment (Capitaine Larrieu)
est nommé chef de bataillon. Accompagné d'un officier et de
deux agents de liaison, il se porte à la Côte 158, qui est violemment bombardée. La reconnaissance de la position lui permet
de se rendre compte qu'une attaque par les crêtes n'aurait aucune
chance d'aboutir. Il décide alors de masquer le mouvement sur
les crêtes par deux compagnies, 21e et 23e, aux ordres du lieutenant de Biras et de pousser l'attaque partant de Blaize-sous-
Arzillières par la vallée, afin de profiter de nombreux couverts.

En même temps qu'il doit occuper la Côte 158, le lieutenant
de Biras doit observer le Mont Moret, sur lequel la reconnaissance
n'a rien vu. A peine arrivé, il prévient le commandant qu'il
aperçoit des mouvements sur le Mont Moret. Quelques Allemands
semblent traîner des objets lourds ; ils s'arrêtent, puis repartent.
Ce sont sans doute des mitrailleuses qu'ils espèrent diriger sur nous.

Nos artilleurs sont prévenus ! Les 75 passent sur nos têtes, en
rafales, et vont s'écraser sur la Côte 153 où de nombreux petits
nuages blancs indiquent que la mort a passé par là. La préparation est parfaite ; le tir terminé, l'attaque part. Elle progresse,
sans de trop grandes difficultés, en lignes échelonnées, utilisant
les haies, les fossés. La liaison est établie à l'est avec les Coloniaux. Quelques coups de fusils sont tirés sans résultat ; on avance
rapidement, avec méthode et ordre.

A 18 heures 30, les deux premières compagnies sont sur le Mont
Moret où arrive également un bataillon du 126e. En abordant la
position, nous avons l'agréable surprise d'y trouver une compagnie
de mitrailleuses allemandes. Officiers et soldats, tous étaient morts
ou blessés. Nos 75 avaient fait soigneusement leur travail et

permis aux fantassins d'avancer plus rapidement. Quelques coloniaux tués et blessés sont évacués vers l'arrière.

A 19 heures 30, tout le monde est en place : deux compagnies
à la Côte 153, deux compagnies aux abords des pentes sud, deux
compagnies le long de la voie ferrée, qui maintiennent la liaison
avec les coloniaux.

A 21 heures, le général de division est prévenu que le 326e a
rempli les deux premières parties de sa mission. Il envoie de
chaleureuses félicitations pendant que l'on reçoit les compliments

Sous-Lieutenant Pillot, le premier décoré du 326

du colonel commandant la 47e brigade et du général commandant
les coloniaux.

La nuit se passe sans incidents. Avec les outils portatifs et
les rares outils de parc on ébauche une tranchée, on creuse avec
peine pour se protéger le plus possible du feu de l'ennemi.

Le calme qui suit la bataille et la protection assurée par les
unités de première ligne permettent de se reposer, de dormir.

Le 9 septembre, à 5 heures, on améliore hâtivement les emplacements de combat. L'ennemi peut attaquer, il faut tenir coûte que
coûte ; on se prépare, on attend. Vers 6 heures, une violente canon-

nade couvre le plateau de projectiles. Pendant toute la journée, ce tir incessant d'obus de tous calibres, nous cause de très grosses pertes. Il n'y a pas d'abris ; tous les coups portent. Le Régiment supporte, sans faiblir, ce bombardement intense et maintient ses positions.

Une batterie de 77, installée au sud de Vitry, dirige un tir meurtrier sur les positions du Mont Morel. Quelques 75 la réduisent au silence.

Ce bombardement pouvant faire croire à une attaque, le commandant du Régiment appelle à lui les deux compagnies (21e et 23e) de la Côte 158 et les établit en arrière de la ferme du Mont Morel, le long de la voie ferrée, pour protéger le flanc droit et se mettre en liaison avec le corps colonial.

Au cours de l'action, la section de mitrailleuses Farail a pu s'installer à l'angle sud-est du plateau, au-dessus de la Ferme du Mont Morel. De ce point, elle exécute des tirs efficaces sur les vagues allemandes qui essaient de prendre pied sur le plateau. Le mouvement est enrayé à chaque tentative. Obligées d'escalader des pentes rapides pour accéder au plateau, les lignes ennemies se découvrent à quelques mètres de la crête devant les mitrailleuses et disparaissent aussitôt pour ne plus reparaître.

La nuit du 9 au 10 septembre est calme ; les patrouilles peuvent circuler librement et ne signalent aucun mouvement de l'ennemi. Sous la protection des avant-postes, les hommes mangent et se reposent.

Le 10, au matin, une violente canonnade balaie le plateau. Le tir ennemi, réglé par un « Drachen », redouble d'intensité ; en outre, un avion, par deux fois, vient survoler les lignes ; il signale, sans doute, la position des réserves au sud de la Côte 153. Quelques minutes après, l'ennemi exécute un tir de 150, qui fait heureusement peu de mal. Sa régularité et sa précision, permirent d'évacuer le terrain au fur et à mesure des arrivées.

Les occupants ne souffrirent pas trop. Il n'en fut pas de même des blessés, dont beaucoup furent tués en se rendant au poste de secours.

Au plus fort du bombardement, le général Caudrelur commandant la brigade coloniale, n'apercevant plus rien sur le Mont Morel, complètement masqué par les fumées des éclatements et très inquiet, s'avança crânement sur le plateau, le képi à la main, pour voir ce qui s'y passait. Après qu'il eut félicité le commandant Larrieu, il jeta un coup d'œil sur les lignes et repartit.

A midi, un caporal du 108e vient chercher la liaison ; il repart aussitôt à travers les obus qui, peut-être, l'épargneront. Le soir, la tranquillité se rétablit. le lieutenant Gros compte les hommes de sa section : il en reste trois. Tous les autres sont morts à leur poste de combat. Des patrouilles, qui essaient d'éventer l'ennemi, reçoivent des coups de fusil sans rien voir.

Le 108ᵉ est toujours aux prises avec l'ennemi. On entend le clairon allemand, les cris de la charge à la baïonnette. Vers 22 heures, plus rien ; l'épuisement a sans doute gagné leurs lignes.

Le 11 septembre, au matin, on attend le bombardement et l'ennemi, qui ne vient pas. Complètement battu, il est en pleine retraite. La poursuite commence. A 12 heures 10, le Régiment reçoit l'ordre de former l'avant-garde de la colonne de droite (326ᵉ et 126ᵉ). Il s'arrête à Loisy-sur-Marne où il reçoit un renfort.

Avant de quitter le Mont Moret, le commandant du régiment a pu voir deux lignes de cadavres ennemis ; 300 environ étaient étendus, près de deux lignes françaises, où dormaient, à leur poste de combat, le fusil au poing, deux cents des nôtres.

Mont Moret (Marne)
Tombes des Militaires du 126ᵉ et du 326ᵉ tombés à la bataille de la Marne (septembre 1914).

Les pertes sanglantes : 8 officiers, 549 tués, blessés ou disparus, montrent quelle fut la part du 326ᵉ. Ce que d'autres n'avaient pu faire, fut brillamment exécuté par lui.

Le Mont Moret est la gloire du 326ᵉ. Quand, à Foug, le général Descoings, commandant le corps d'armée, remit les premières croix de guerre (Armée), il spécifia nettement que le 326ᵉ seul avait droit au nom de « Mont Moret ».

L'année suivante, le 12 septembre, le commandant Larrieu était convoqué à Avesnes-le-Comte, où, avec d'autres officiers supérieurs, il fut présenté au général Joffre, par le général Méric,

Le Mont Moret (Marne), Cimetière du 326

en ces termes : « Le commandant Larrieu, commandant le 326e. « C'est le Régiment qui, à la bataille de la Marne, se distingua « au Mont Moret et donna aux Allemands l'illusion d'un fort « nouvellement créé en ce point. Le fort n'était qu'un rempart « de poitrines vaillantes, maintenant éteintes, face à l'ennemi. »

Le souvenir de ces journées dures, pleines d'héroïsme, sera perpétué, pour les futures générations, par ce nom « Mont Moret » inscrit au drapeau. Ce sera la plus belle des récompenses.

CHAPITRE V

A marche en avant continue. Le 12 septembre, faisant partie
de la colonne de poursuite, constituée par la 24e division
d'infanterie, le Régiment cantonne à Bussy-le-Repos. Le 13, la
division ne forme plus qu'une colonne de poursuite qui suit
l'itinéraire : Varmont-Somme-Yèvre-Herpont-Auve. Cantonnement à
Saint-Mard-sur-Auve. Le lendemain, l'état-major et le 6e bataillon
bivouaquent à Somme-Tourbe, qui a été incendié par l'ennemi.
le 5e bataillon à Somme-Bionne.

A l'arrivée à Suippes (le 16 septembre, vers 14 heures), le
326e se forme en réserve de la division d'infanterie, en arrière
de la 47e brigade qui occupe le front Suippes-Arbre 160 (2 kilomètres est de Suippes). Il se rassemble à l'est de Suippes en
formation articulée : le 6e bataillon en tête, le 5e bataillon en
arrière et à gauche. Le soir il va cantonner à St-Rémy-sur-Bussy.

Le 17 septembre, la 24e division reste en réserve générale de
la IVe Armée ; le 326e se rassemble dans le bois ouest de la
Croix en Champagne. A 18 heures, il reçoit l'ordre d'aller bivouaquer à la Ferme de Jonchery ; il part une demi-heure après.
La marche est très pénible par une route embourbée, avec ar-
rêts très nombreux par suite de l'encombrement résultant de
l'offensive ; pluie et vent très violents.

Le Régiment n'arrive aux abords de la Ferme que le 18, vers
trois heures. les hommes sont épuisés.

Il repart aussitôt pour le polygône de l'Ecole normale de tir
du camp de Châlons, où il se trouve en réserve de brigade à
six heures. Très peu d'arrêt ; il va occuper le bois situé à un
kilomètre sud de la Ferme de Jonchery, où il arrive vers 11
heures 30. A peine quelques heures de repos et à 17 heures, il
reçoit l'ordre d'appuyer le 271e qui doit attaquer dans la direction de Saint-Hilaire-le-Grand, au nord de ce village, pour arrêter l'offensive allemande devant laquelle a cédé le 248e, très
éprouvé par le feu de l'artillerie lourde.

Le 326e se met en marche ; les 6e bataillon (capitaine Roussarie)
en première ligne; le 5e bataillon (capitaine Lamartinie) en deuxième ligne. Chaque bataillon est en colonne double à très larges

intervalles ; la direction générale est la route de Jonchery-Saint-Hilaire-le-Grand. Pendant cette marche d'approche, il est soumis à un très violent bombardement d'artillerie lourde de 150.

A 18 heures 15, le 5ᵉ bataillon (capitaine Lamartinic), est chargé de contre-attaquer la Ferme de Chantepierre avec le 336ᵉ et le 225ᵉ ; il occupe, avec ses quatre compagnies, les tranchées au nord-est de Jonchéry, en liaison avec le 336ᵉ. Le capitaine de Biras, avec les 21ᵉ et 23ᵉ compagnies, occupe les tranchées au nord de Saint-Hilaire-le-Grand, en liaison avec le 271ᵉ d'Inf¹ᵉ. Les 22ᵉ et 24ᵉ sont à Jonchéry. Le 19 septembre, le 5ᵉ bataillon, relevé par le 225ᵉ, vient s'installer à Jonchéry.

Le commandant du Régiment reçoit l'ordre suivant, le plaçant momentanément sous les ordres du général Joppé commandant la 60ᵉ division d'infanterie de réserve :

« Le 326ᵉ est placé sous les ordres du général commandant la 119ᵉ brigade (Brigade de Jonchéry).

« Je saisis cette occasion, pour vous adresser toutes mes félicitations, ainsi qu'à votre beau régiment.

« Le général Roques, commandant le XIIᵉ corps d'armée, vient de me dire qu'il considérait le 326ᵉ à l'égal de ses meilleurs régiments actifs.

« A vous, à vos officiers, sous-officiers et soldats, de tout cœur.

Signé : « DESCOINGS. »

Le lendemain, à 14 heures 30, le Régiment reçoit l'ordre d'attaquer l'ennemi sur le front : Arbre (situé à 2 kilomètres 500 nord-ouest de Saint-Hilaire-le-Grand) au Puits, route de Saint-Hilaire-le-Grand à Saint-Souplet. Les 21ᵉ et 23ᵉ compagnies restent à la disposition de la 60ᵉ division d'infanterie.

Il se porte en avant, 5ᵉ bataillon en tête, se défilant le long de la Suippe, afin d'éviter de tomber sous le feu de l'ennemi en attaquant de front, par le glacis que forme le terrain. Ce bataillon dépasse la grand'route de Saint-Hilaire-le-Grand à Reims et s'installe dans le bois de Sapins, près et à l'ouest de la Côte 108. Les 22ᵉ et 24ᵉ sont en réserve dans les bois au sud de cette même grande route.

Des tranchées sont construites pendant la nuit. Au cours de la marche en avant le capitaine Goelz, commandant la 22ᵉ compagnie, est grièvement blessé par une balle perdue. Cet officier montre un très grand courage et engage les soldats de sa compagnie à continuer de l'avant.

La nuit se passe sans incident. Les travaux se poursuivent rapidement, en vue de l'opération projetée. Les 21ᵉ et 23ᵉ compagnies sont mises à la disposition de la 24e division, et rejoignent les 22e et 24e qui sont en réserve dans les petits bois au sud de la grand'route de Saint-Hilaire.

Les deux nuits suivantes sont tranquilles. Les tranchées sont renforcées et creusées plus profondément à l'aide d'outils de parc.

Des patrouilles sont envoyées en avant du front, pour reconnaître les emplacements des lignes ennemies. Une patrouille allemande est surprise et fusillée ; la plupart des hommes tombent ; le chef, un lieutenant du 181e régiment saxon est blessé. Le sergent Dumas, de la 19e compagnie, va chercher cet officier au « nez et à la barbe » des soldats et infirmiers allemands qui se précipitaient pour l'enlever.

Le 24 septembre, le capitaine Gillain, prend le commandement du 5e bataillon, en remplacement du capitaine Lamartinie, évacué pour rhumatismes aigus. L'ordre est donné d'attaquer. Les 17e, 18e et 19e compagnies se portent successivement en avant. Elles manœuvrent avec une habileté remarquable.

Les hommes sortent un par un des bois de sapins, et se placent en tirailleurs à larges intervalles. La 17e compagnie se déploie d'abord, la 18e, puis la 19e la prolongent à droite.

Ces compagnies progressent avec précaution sous une canonnade et une fusillade très violentes ; rien ne les arrête.

Le soir, la première ligne a gagné 600 mètres de terrain. La nuit venue, le terrain conquis est organisé définitivement ; des tranchées sont aussitôt creusées à l'aide d'outils de parc. Cette progression, très hardie, sous le feu de l'ennemi, nous a causé des pertes importantes : 17 tués, 111 blessés et 10 disparus.

A ce moment, la 20e compagnie et deux sections de mitrailleuses tiennent au bois de sapins, près et à l'ouest de la côte 118. Le 6e bataillon est en réserve au sud et près de la grand'route de Saint-Hilaire à Reims, sur la rive gauche de la Suippes.

Le 25, au matin, le Régiment doit se maintenir coûte que coûte sur ses positions. Des patrouilles nombreuses circulent en avant du front. Le sergent Hébrard, qui commande une de ces patrouilles, bien que blessé, continue à observer l'ennemi toute l'après-midi. Il est ramené dans nos lignes par le soldat Coussy, également blessé, et peut donner de précieux renseignements sur l'emplacement de l'ennemi et sa force approximative.

Dans la nuit du 25 au 26, la 60e division d'infanterie, qui a reçu l'ordre de prolonger notre droite et de construire des tranchées, est en liaison.

Le 26, à 4 heures, le 6e bataillon relève le 5e bataillon. Il a trois compagnies en première ligne et une compagnie avec les deux sections de mitrailleuses, au bois de Sapins. Le 5e bataillon est en réserve à l'emplacement qu'occupait préalablement le 6e bataillon, à la disposition du colonel Jacquet, commandant la 47e brigade.

Un radio-télégramme du Kaiser, ordonnant une attaque générale à l'armée allemande a été saisi et est communiqué aussitôt, juste avant l'attaque qui se déclanche à 8 h. 30. Elle se porte surtout à gauche sur le front du 108e. La 24e compagnie intervient par son feu sans quitter les tranchées ; le bois de sapins où se trouve la 21e compagnie et les mitrailleuses est copieusement arrosé par l'artillerie ennemie et les balles. L'attaque ennemie échoue.

Jusqu'au 30, on travaille activement à aménager, à creuser des tranchées. Les bataillons ont quelques pertes, par suite du bombardement des positions de réserve. Les capitaines Lamartinie et Roussarie, sont nommés chefs de bataillon.

Le 30 septembre, à 4 heures, le 6e bataillon prend, en première ligne, la place du 5e, qui se porte en réserve. L'ordre général d'attaque est donné pour 8 heures. Le 326e doit former échelon en arrière et à droite du 108e.

Les 22e, 23e et 24e compagnies sont en première ligne. La 21e compagnie est dans le bois de sapins, avec les 17e et 20e compagnies du 5e bataillon.

Les sections de mitrailleuses ont été portées sur la première ligne à la lisière du bois de bouleaux. Les trois compagnies de première ligne poussent, homme par homme, une section en avant. Elles gagnent environ 200 mètres de terrain. Le 108e est arrêté dans sa progression.

Immédiatement, des tranchées sont construites sur les positions conquises, ainsi que des boyaux de communication.

Le 1er octobre, par suite du retrait du 21e corps d'armée, le 5e bataillon du 326e reçoit l'ordre d'occuper les emplacements du 271e régiment à Saint-Hilaire-le-Grand. Il s'installe dans les tranchées du 271e. Deux compagnies et la section de mitrailleuses sont en ligne au sud de la Chaussée Romaine, une compagnie dans les tranchées au nord et à l'ouest de Saint-Hilaire, une compagnie en cantonnement d'alerte dans Saint-Hilaire.

La situation est stationnaire pendant cinq jours, au bout desquels le Régiment part au repos.

CHAPITRE VI

Le 6 octobre, à deux heures, le Régiment est relevé par le
100e régiment et va cantonner à Mourmelon-le-Grand (Baraquements). Un seul jour de repos et, dans la nuit du 7 au 8 octobre, le 5e bataillon part relever un bataillon du 66e d'infanterie ;
l'autre bataillon de ce régiment cédant sa place à un bataillon
du 126e d'infanterie.

Deux compagnies, les 22e et 24e, sont placées en réserve dans
le bois à 800 mètres ouest du front Saint-Hilaire. Les 21e et 23e
compagnies sont placées en cantonnement d'alerte.

Le 9 octobre le 5e bataillon est relevé par un bataillon du
100e régiment et rentre au cantonnement avant l'aube. Le 6e bataillon est en réserve.

Nouvelle relève dans la nuit du 10 octobre ; la 47e brigade
succède à la 48e ; les deux bataillons changent de positions.

Le général Méric, commandant la 48e brigade, adresse au chef
de bataillon Larrieu, commandant le 326e, la lettre ci-dessous :

« Au moment où je vous rends le Bataillon du 326e après re-
« lève, laissez-moi vous dire tout le plaisir que j'ai éprouvé à
« en exercer le commandement et tout le plaisir que j'éprouverai
« à l'exercer à nouveau (quelque soit la peine que momentanément
« et bien involontairement croyez-le bien, je vous causerai......).
« Il serait difficile de trouver un Bataillon plus souple, plus
« habile, plus idoine. Mes compliments.

« P. C., 17 octobre, 7 heures.

Signé : « MÉRIC. »

Les mouvements s'effectuent en ordre et sans incident.

Le 12 octobre, vers 11 heures 1/2, un aéroplane allemand sur-
vole le camp et lance des bombes sur les baraquements : il y a
six blessés. Trois heures après, le 5e bataillon subit un tir d'artillerie lourde : un 150 tue deux hommes et en blesse trois.

Pendant trois jours, les hommes se reposent dans des conditions qu'ils n'avaient jamais connues jusque-là. Le 15 octobre,
deux officiers et 150 hommes de renfort viennent du Dépôt.

Dans la nuit du 17 au 18 octobre, le 326e relève le 268e et 290e, qui occupent les tranchées au nord de Baconnes. Relève difficile, par suite d'une nuit extrêmement noire. Le front que garde le Régiment est réparti en deux secteurs : 5e à droite, 6e à gauche.

Les jours suivants se passeront sans incidents. Les compagnies relèveront à tour de rôle.

Le 19 octobre, arrivée du capitaine Lauzon et de cent hommes de renfort. On travaille, on établit des défenses accessoires, on creuse, on améliore ses tranchées, ses communications. Des patrouilles essaient à plusieurs reprises de s'emparer de sentinelles mais rien n'aboutit.

Le 26 octobre, les premières citations à l'ordre de l'Armée viennent récompenser le dévouement, les actes d'héroïsme accomplis pendant deux mois de combats ininterrompus, par les fiers soldats de ce Régiment d'élite.

Elles sont nombreuses et toutes méritent d'être lues en exemple.

Ont été cités : Lieutenant-colonel Larrieu, capitaine Bonafous, sous-lieutenant Cros, adjudant Dutournier, sergent-fourrier Cheyroux, tambour Bugeaud, soldat Lamoureux, sergent Dumas, capitaine Brugère-Dupuy, capitaine Collombier, lieutenant Secrétaire, sous-lieutenant Merpillat, adjudant Redempt, sergent Laine, sergent Cathalifaud, soldat Pabot, cycliste Lajoinie.

Le Régiment est toujours en ligne ; il réorganise ses positions, construit de petits abris. L'hiver est proche ; les nuits sont froides et pénibles ; des patrouilles parcourent, sans discontinuer, en avant du front.

Il est formé une compagnie auxiliaire du Génie par prélèvement sur l'ensemble du Régiment. Cette compagnie se rend à Sept-Saulx sous le commandement du lieutenant Aron. Jusqu'au 3 novembre, tranquillité relative.

De nouvelles citations à l'ordre de l'armée s'ajoutent à la longue liste qui n'est pas encore close.

Sont cités : Sergent Dauvisis, sergent Hébrard, caporal Leymarie, soldat Croussy, soldat Delage.

Période calme pendant plusieurs jours ; quelques obus tombent dans le secteur et causent des pertes légères. Le commandant Lamartinie rejoint le régiment et reprend le commandement du 5e bataillon, le 10 novembre. Le capitaine Gillain passe à la 18e Cie.

Un détachement de 20 sous-officiers, caporaux et soldats, commandés par le sous-lieutenant Merpillat, arrive du Dépôt. Parmi ces hommes, beaucoup ont été blessés dans les premiers combats et rejoignent le front après guérison. Le 13 novembre, le capitaine Brugère-Dupuy rejoint le Régiment, amenant un détachement de 190 hommes de troupe.

Le 20 novembre, le général commandant la 24e division d'infanterie, adresse au Chef de Corps, la lettre suivante :

« La compagnie auxiliaire du Génie de la 24e division s'étant
« parfaitement acquittée de toutes les missions et de tous les travaux
« qui lui ont été confiés, le général commandant la 24e division
« d'infanterie exprime toute sa reconnaissance à cette compagnie
« ainsi qu'au commandant du 326e qui a su choisir de la façon
« la plus judicieuse les éléments qui sont entrés dans la cons-
« titution de cette compagnie.

Signé : « DESCOINGS ».

Toujours période calme ; les travaux d'organisation de secteur se poursuivent activement ; la véritable guerre de position commence, obligeant à une trop grande immobilité, détestée de nos soldats. C'est le moment où l'on se terre, où la pelle et la pioche

Tombe d'un Soldat, en Champagne, arrangée par le 326e

prennent une place prépondérante dans le combat. Les tranchées profondes ont succédé aux trop vulnérables « trous de tirailleurs. »

Durant dix jours, aucun changement n'est apporté dans les unités. La situation restera inchangée jusqu'au 19 décembre.

Au cours des travaux de sape exécutés dans cette période, les tranchées sont rapprochées des lignes ennemies. Ce travail incessant qui se continue jour et nuit, et qui nous permet de gagner du terrain, attire un bombardement violent d'obus de tous calibres. Les pertes sont faibles : deux tués, deux blessés.

Le 30 novembre, le chef de bataillon commandant le 326ᵉ porte à la connaissance du régiment les félicitations adressées par le général commandant le XIIᵉ corps d'armée aux officiers et hommes de troupe dont les noms suivent :

Capitaine Gillain, maréchal-des-logis Dulmet, soldat Guillard.

Le 5 décembre, d'élogieuses citations à l'ordre de l'armée sont décernées aux officiers et aux hommes de troupe :

Médecin-major de 2ᵉ classe, Mazot ; lieutenant Kuhnholtz-Lordat ; soldat Boucheron ; capitaine Baudry.

Le 20 décembre, l'ordre général est porté à la connaissance des troupes :

« Depuis trois mois les attaques violentes et désespérées des Allemands ont été impuissantes à nous rompre. Partout, nous leur avons opposé une vaillante résistance. Le moment est venu de profiter des faiblesses qu'ils accusent alors que nous nous sommes renforcés en hommes et en munitions. L'heure des attaques a sonné. Après avoir contenu l'effort des Allemands, il s'agit maintenant de le briser et de libérer définitivement le territoire national envahi. La France compte, plus que jamais, sur votre cœur, votre énergie, votre volonté de vaincre à tout prix. Vous avez déjà vaincu sur la Marne, sur l'Yser, en Lorraine et dans les Vosges. Vous saurez vaincre encore jusqu'au triomphe définitif.

« JOFFRE. »

La IVᵉ armée entame l'offensive. Le XVIIᵉ corps d'armée doit faire brèche dans la région de Perthes-les-Hurlus ; le XIIᵉ corps d'armée, en vue de tenir l'ennemi sous la menace d'une attaque, de l'immobiliser sur son front et de prévenir toute tentative de sa part, doit commencer, dès 9 heures 30, une action de feux. Le commandant du Régiment donne l'ordre suivant :

« A 9 heures 30 les fractions de première ligne entameront une fusillade par rafales très courtes, mais aussi violentes que possible, sur toutes les directions où l'ennemi est supposé ou connu. Cette action de feux durera jusqu'à 10 heures 30. Les mitrailleuses ne tireront que si elles voient l'ennemi. »

L'artillerie de campagne bombarde violemment, dès 8 heures 30, le Bois des Bouleaux, qui prend feu.

A l'heure prescrite, la fusillade commence et cesse à 10 h. 30.

Après, quelques coups de feu seulement pendant que les travaux d'approche se poursuivent.

Le XVIIe corps d'armée et le Corps Colonial ont enlevé plusieurs tranchées à l'ennemi ; ils doivent continuer leur marche. Le 21 décembre, le XIIe corps d'armée, disposant d'une puissante artillerie, a pour mission de percer la ligne allemande entre la Côte 147 et Souain, tout en la maintenant et en la menaçant sur le reste du front. Les troupes chargées de l'attaque sont la 23e division d'infanterie et la 60e division. La 24e division doit immobiliser par ses feux.

En conséquence, le commandant du Régiment donne le même ordre prescrit pour l'opération précédente. L'artillerie « arrose » les tranchées ennemies dès 9 heures 30. La fusillade s'exécute au cours de la journée ; la ligne est portée 200 mètres en avant. Il y a dix blessés.

L'armée suspend ses attaques d'infanterie pour la journée du 22 ; l'artillerie seule engage la lutte.

Ce même jour le général Descoings, commandant la 24e division d'infanterie adresse, par lettre, au commandant du 326e, à ses officiers et à la troupe, toutes ses félicitations pour les progrès accomplis dans la journée du 21 décembre.

Le capitaine Goetz est nommé chevalier de la Légion d'honneur : « Vieux soldat déjà médaillé militaire ; a brillamment commandé sa compagnie à l'affaire du Mont-Moret et a été blessé le 24 septembre d'une balle perdue, en se portant, à la tête de sa compagnie, à l'attaque des positions allemandes en avant de Saint-Hilaire-le-Grand. »

Le sergent Dumas reçoit la médaille militaire : « Chef de patrouille, le 21 septembre ; a réussi à détruire une patrouille allemande, commandée par un officier du 179e. A rapporté, sous une grêle de balles, cet officier blessé en arrière de nos lignes. A fait preuve au cours de cette mission de belles qualités de sang-froid et de courage. »

Le caporal Lamoureux reçoit la médaille militaire : « Bravoure et sang-froid remarquables dans tous les combats qui ont eu lieu jusqu'ici ; le 24 août, par son attitude énergique, en relevant le moral de ses camarades ; le 28 août, en se déplaçant à maintes reprises sur la ligne de feu pour renseigner et diriger le tir de ses camarades ; le 31 août, en allant rechercher, sous le feu de l'ennemi, un camarade grièvement blessé ; a contribué, le 8 septembre, à maintenir, par son entrain, l'énergie de ses camarades, demeurés pendant quatorze heures sous le feu de l'artillerie. »

L'offensive continue le 23 décembre ; d'importantes positions ennemies sont enlevées par le XVIIe corps d'armée et le Corps colonial.

Un Poilu pendant l'hiver 1914-15

Le XIIe corps d'armée doit préparer de nouvelles attaques par la sape et par la mine, tout en assurant l'inviolabilité du front.

Comme les jours précédents, le 326e pousse activement ses travaux avec plein succès. Il organise sa ligne en y créant des points d'appui solides, de façon à la mettre en état de défier toute attaque.

Le 27 décembre, trois obus de 150 tombent sur un abri où s'étaient réfugiés des hommes de la 19e compagnie. Il y a neuf tués et quatre blessés. Le lendemain, même fait se reproduit pour la 24e qui a deux morts et deux blessés. Ces bombardements intermittents par 150 causent des pertes nombreuses ; les abris construits jusqu'ici ne résistent pas à la puissance des projectiles.

L'hiver se passera ainsi dans ce secteur créé, aménagé par le Régiment. Pendant deux mois, on y supportera sans faiblir, avec une abnégation parfaite, le froid, la pluie, la neige, toutes les fatigues qu'exige la guerre de tranchées. Le moment venu, on reprendra les attaques.

Pour permettre aux unités du Régiment de se reposer à tour de rôle, le peloton cycliste de la VIIIe division de cavalerie, commandé par le capitaine Guyot, du 15e bataillon de Chasseurs à pied, est mis à la disposition du commandant du 326e. Les relèves se feront tous les deux jours, du cantonnement de Baconnes aux tranchées.

Le 27 février, le Régiment passe cent cinquante hommes, désignés par tirage au sort, au 126e régiment d'infanterie. Le lendemain, il reçoit cent territoriaux venus du 50e régiment actif.

Dans la nuit du 27 au 28, le 6e bataillon est relevé par un bataillon du 108e régiment et prend aussitôt la place d'un bataillon du 135e territorial, qui est à droite du 5e bataillon.

Cent territoriaux arrivent du 108e régiment et cinquante hommes passent au 126e régiment, le 30 janvier.

Plusieurs jours s'écoulent sans changement ; les nombreuses patrouilles qui circulent en avant du front ont quelques blessés.

Le 7 février, le capitaine Wibeaux est évacué pour courbatures fébriles. Le lieutenant Cuvelier prend le commandement de la 20e compagnie. Dans la soirée, un bataillon du 117e territorial, renforcé par cent cinquante cavaliers du 14e régiment de Chasseurs à cheval, relève le bataillon du 108e actif qui occupe l'ancien emplacement du 6e bataillon. Ce bataillon du 117e est placé sous les ordres du commandant Larrieu, commandant le 326e, qui devient commandant du « Secteur 326e ». Ce secteur s'étend depuis le chemin de terre de Baconnes à Vaudezincourt à droite, jusqu'à la ferme Moscou à gauche. Le groupe du commandant

Faurie, du 52e d'artillerie, comprenant trois batteries de 75, une batterie de 90 est sous les ordres du commandant du Secteur 326e. Cette artillerie est à environ un kilomètre N.-N.-E. de Baconnes.

Relève intérieure, le 10 février.

Le 11 février, vers 22 heures, à la suite de l'ordre apporté par le capitaine de Clavière, de l'état-major de 24e division, le chef de corps donne l'ordre suivant :

L'Armée attaque demain, 12 février. On demande à la 24e division d'infanterie une attaque simulée. Cette attaque commencera par le feu de l'artillerie dès 8 heures. A 9 heures 30, on commencera la brèche dans les réseaux de fils de fer de la tranchée en pointe. Lorsque la brèche sera faite et que le moment de l'attaque sera venu, on attendra une minute, puis on agitera des mannequins, de façon à faire croire aux Allemands que les hommes vont sortir des tranchées, et qu'une attaque va se produire.

Le 12 février, dès 8 heures, l'artillerie commence son tir, mais la neige tombe à gros flocons. Il est impossible d'observer les effets du feu. Vers 9 heures 30, contre-ordre est donné, de la 24e division, par téléphone.

L'attaque simulée prévue pour le 12 février et qui n'a pu avoir lieu, à cause du mauvais temps est exécutée le 16, d'après les mêmes ordres et aux mêmes heures.

Baconnes — Cimetière du 326e

Pendant deux jours, l'artillerie allemande bombarde très violemment notre première ligne et les terrains conquis entre la 1re et la 2e ligne ; le Bois des Ecoutes reçoit particulièrement de grosses bombes (minens). Notre artillerie répond avec une ardeur aussi grande. Devant les Chasseurs cyclistes, les Allemands essaient de faire sauter les fils de fer avec des pétards explosifs, mais ils n'y réussissent pas.

Le 19 février, le Régiment reçoit l'ordre de recommencer l'attaque simulée du 16. Elle s'exécute de 8 heures à 10 heures.

La journée du 20 février est calme jusque vers 16 heures. A ce moment, les Allemands bombardent à nouveau les premières lignes et les positions de réserve.

Jusqu'au 27 février, période calme ; les compagnies continuent leurs travaux et se relèvent tous les deux jours. Le bombardement reprend le 28 et cause quelques pertes. Ce même jour, deux compagnies (21e et 22e), la C. H. R, ainsi que le T. C., quittent Baconnes et viennent cantonner à Mourmelon-le-Petit.

Le 1er mars, au soir, le 50e régiment d'infanterie relève le 326e régiment qui va au repos à Mourmelon-le-Petit où il reçoit le 3 mars, un caporal et vingt-six mitrailleurs venant du Dépôt. Il quitte Mourmelon-le-Petit pour se rendre au Pont de la route de Reims sur la Suippes. Il est mis à la disposition du commandant de la 46e brigade pour attaquer. En arrivant au poste de commandement du colonel du 107e, le commandant du Régiment est avisé que l'attaque est décommandée. Le 326e rentre à Mourmelon-le-Petit. Les quelques jours de repos sont employés à la constitution de la compagnie de mitrailleuses que commande le sous-lieutenant Farail.

Le 21 mars, le régiment relève deux bataillons du 50e régiment. Il est rattaché provisoirement au IVe corps d'armée. Ce sont les derniers jours qu'il passe en Champagne.

Après avoir organisé un secteur extrêmement difficile, après avoir mené pendant ces longs mois d'hiver une vie dure et rebutante, dans ces tranchées pénibles à habiter, le 326e est appelé sur de nouveaux champs de bataille où il montrera la même ténacité, la même ardeur combative que nous lui connaissons.

CHAPITRE VII

E 30 mars, le Régiment s'embarque à la gare de Mourmelon-le-Petit, en deux éléments.

Le premier élément part à 1 heure 27 et va cantonner le même jour à Ecrouves ; le deuxième suit trois heures après et arrive à Cholloy dans la soirée. Le lendemain, le Régiment se trouve réuni à Gaillon où il se repose pendant deux jours. Seule, la 18e compagnie est détachée de la 24e division d'infanterie.

Le 1er avril, départ pour Rosières-en-Haye, qui est à quelques ques kilomètres de Jaillon.

Le 4 avril, le XIIe corps d'armée attaque sur le front Fey-en-Haye. Régneville, Remenauville. Le 326e est de la fête. A 19 heures 30, il reçoit l'ordre suivant :

Village de Fey-en-Haye

« Un bataillon du 326e (le 6e bataillon), sera rendu à minuit dans le ravin de l'Ache, à 600 mètres sud de Fonds-des-Vaux, à la disposition du lieutenant-colonel Perrin, du 29e régiment, pour soutenir au besoin le 29e et le 300e. L'autre bataillon du 326e (le 5e bataillon) est réservé à la disposition du commandant du corps d'armée, à Saint-Jean. »

Le Cimetière de Fey-en-Haye

Départ de Rosières-en-Haye à 20 heures 30. 6e bataillon en tête. Il pleut, le vent est très fort, la nuit est très noire, les routes boueuses et défoncées, l'on marche péniblement.

Les « Vétérans » de St-Jean

Le 5e bataillon arrive à Saint-Jean à 1 heure 30 et y cantonne avec l'état-major du Régiment. Le 6e bataillon n'arrive au Fonds-des-Vaux qu'à 4 heures 30 et le lendemain s'installe en bivouac au Moulin-Saint-Jacques.

L'église de Regnéville

Le soir, ce bataillon doit approfondir à deux mètres le boyau allant de Régneville, à l'extrémité du bois de la Chambrotte. Pour effectuer ce travail, deux voitures d'outils de parc sont mises à sa disposition. Etant donné le mauvais état des chemins, aucune voiture ne peut avancer ; n'ayant pas d'outils disponibles, le bataillon rentre au bivouac, sans avoir pu accomplir sa mission.

Le 7 avril, le Régiment relève les deux bataillons de gauche du 78e, vers Régneville. Le 6e bataillon occupe la lisière et les abords nord-ouest de Régneville, dans des tranchées à peine ébauchées, n'assurant qu'une protection minime ; il est en liaison à droite avec le 2e bataillon du 100e régiment. Le 5e bataillon tient la croupe 323 au sud-est de Régneville. Toute la journée, les premières lignes et les réserves subissent un bombardement intense par artillerie lourde et « 77 ».

Le mauvais temps gêne considérablement les travaux. Il fait

froid, il pleut abondamment. Les tranchées sont presque « inhabitables », tant il y a de boue et d'eau. Dans la soirée, le Régiment étend son front sur la gauche et tient la 505.

Fey-en-Haye

Le 9 avril, le 326ᵉ fournit deux compagnies qui sont placées sous les ordres du lieutenant-colonel Collombier, commandant le 100ᵉ régiment d'infanterie. La nuit suivante, ces deux compagnies creusent deux boyaux de communication, le long de la route de Thiaucourt à l'auberge Saint-Pierre et de la côte 329 à Régneville.

Le 10 avril, le P. C. du Régiment est transféré à Régneville ; la mission du 326ᵉ est de tenir coûte que coûte, sur les emplacements occupés ; l'attaque doit être prononcée plus à droite. Cette mission sera remplie.

Jusqu'au 15 avril, relève intérieure entre les compagnies du Régiment. Il y a quelques pertes. Le 14, au soir, le commandant du Régiment prescrit aux 17ᵉ et 18ᵉ compagnies de pousser, à la nuit, une section en avant des lignes, de s'y retrancher. La 20ᵉ compagnie doit construire un mur de barrage, perpendiculaire à la route Pont-à-Mousson-Thiaucourt, pour se protéger des balles.

Dans la nuit du 15 au 16, le régiment est relevé par le 100ᵉ et va cantonner à Rogeville ; il est à la disposition de la 47ᵉ brigade. On reçoit notification que le commandant Larrieu est fait officier de la Légion d'honneur ; le capitaine Gillain est cité à l'ordre de l'armée.

Quelques jours de repos au cours desquels les 17ᵉ et 20ᵉ compagnies effectuent des travaux importants en secteur et le Régiment relève le 126ᵉ aux tranchées de Régneville-en-Haye.

Le 6ᵉ bataillon occupe le secteur à l'est de la route de Pont-à-

Remise de la Croix d'Officier de la Légion d'honneur au Commandant Larrieu

Mousson-Thiaucourt ; les 21e et 22e compagnies sont en première ligne ; les 23e et 24e sont en réserve dans Régneville. Le 5e bataillon occupe le secteur à l'ouest de ce village, la 18e compagnie à droite, en liaison avec la 22e, est à cheval sur la route de Pont-

Une maison à Regnéville

à-Mousson à Thiaucourt ; la 17e est au centre ; la 20e à gauche en liaison avec le 300e régiment. La 19e compagnie est en réserve dans le ravin sud de Régneville.

L'artillerie lourde allemande bombarde fortement les positions, tous les jours ; il y a des morts et des blessés. On s'occupe à creuser des tranchées plus profondes, à construire des abris solides.

Un bataillon du 108e relève les fractions du Régiment qui sont à l'est de la route de Pont-à-Mousson-Thiaucourt. A ce moment, le 6e bataillon est en première ligne, le 5e en deuxième ligne.

L'organisation du secteur commence ; pendant plusieurs jours, le 326e va travailler activement.

Il installe des défenses accessoires sérieuses en avant du front ; crée des postes d'écoutes, qui seront reliés et formeront la première ligne ; creuse des boyaux, construit des abris.

P. C. du Chef de Corps à Regnéville

Les bataillons se relèvent tous les quatre jours ; ils fournissent un effort considérable car les réserves n'ont aucun repos.

Dans la nuit du 10 mai, le 5e bataillon est relevé par un bataillon du 138e et va bivouaquer, deux compagnies au boqueteau situé au nord de l'auberge Saint-Pierre et deux compagnies à la lisière nord-est de la forêt de Puvenelle. Il remonte aussitôt en ligne prendre la place d'un bataillon du 107e régiment. Le 6e bataillon, relevé le lendemain par un bataillon du 138e, bivouaque aux emplacements occupés la veille par le 5e bataillon et envoie deux compagnies, les 23e et 24e, relever les 17e et 18e compagnies. Les bataillons se trouvent ainsi accolés avec chacun deux compagnies en première ligne, une compagnie en deuxième ligne, une compagnie en réserve.

Le bataillon du 107e qui avait été mis à la disposition du commandant Larrieu, rejoint son Régiment. Le 2e bataillon du 95e territorial est mis à la disposition du commandant Larrieu ; il va cantonner à Grimont, en attendant que les abris de Jonc-Fontaine soient nettoyés et désinfectés. Le 16 mai, les 17e et 18e compagnies relèvent, le soir, les 20e et 19e. Les 21e et 22o relèvent les 23e et 24e compagnies.

Jusqu'au 22 mai, les compagnies se succèdent en première ligne, aidées par le 95e territorial qui fournit un grand nombre de travailleurs. Le Régiment est relevé dans la nuit du 22 au 23 mai et dans la journée du 23, dans les conditions ci-après :

Les fractions de première ligne, trois compagnies de droite et la compagnie de deuxième ligne, par un bataillon du 367e ; la compagnie de gauche de première ligne, par une compagnie du 108e régiment. Ces unités vont bivouaquer à Jonc-Fontaine.

Les compagnie de troisième et quatrième lignes, sont relevées, le 23, vers 14 heures, par un bataillon du 368e régiment. Le 5e bataillon reste dans la forêt de Puvenelle jusqu'au soir, puis va relever à Régneville un bataillon du 138e. Il est placé sous les ordres du colonel commandant le 138e régiment.

Le 25 mai, le 6e bataillon quitte ses cantonnements et part remplacer le bataillon du 138e qui est en première ligne.

Il ne reste que deux jours en tranchées ; le 78e régiment remplace le Régiment, dans ce secteur maintenant bien aménagé. Le 27, le 5e bataillon cantonne à Rosière-en-Haye ; le 6e, à Pomevie et Tremblecourt ; l'E.-M. et la C. M. à Tremblecourt, le 29. Quelques jours de repos bien gagnés permettent au 326e de récupérer ses forces. Le secteur de Régneville a été très pénible par suite du mauvais temps ; néanmoins, le régiment a poursuivi ses travaux sans relâche, avec un courage et une ardeur indomptables. De nombreux bombardements ont causé des pertes importantes.

Le 4 juin, cantonnement à Ecrouvres ; le 326e est affecté à la 48e brigade, le 10 juin. Encore quelques jours de repos en Lorraine, et le 14 juin, il reçoit l'ordre de s'embarquer en gare de Toul.

CHAPITRE VIII

L E 15 juin, le premier élément (État-major et 5e bataillon)
quitte Toul à 6 heures 45 ; il arrive à Amiens, le 16.
Le deuxième élément (6e bataillon et C. M.) suit le même itinéraire, mais débarque à Tilly-sur-Somme. L'arrivée dans la Somme
est saluée par des bombes d'avions allemands qui ne font aucun mal.

Le Régiment fait partie de la 2e Armée ; il cantonne en entier à Naours.

Cette fois-ci c'est le grand repos désiré par tous, nécessaire à
des hommes qui se sont battus chaque jour par le froid, dans
la boue, depuis bientôt un an. L'hiver a été dur dans les tranchées de Lorraine !

Maintenant, les journées ensoleillées de juin, passées à l'arrière
au milieu des civils, font oublier toutes les peines. On s'amuse,
on joue aux cartes, ou se promène dans la campagne, on écrit
beaucoup. Les premiers permissionnaires du front partent vers
l'intérieur ; ils quittent, pour quelques jours, ce Régiment auquel
ils se sont attachés. Bientôt, ils reviendront plus confiants, heureux d'avoir revu leur famille, d'avoir pris contact avec ceux
de l'arrière.

Un mois se passe ainsi dans ce même village de Naours, rendu
plus gai par la présence de nos soldats. On reçoit de nombreuses
citations à l'ordre du jour, des nominations et des promotions.

Le 19 juillet, le Régiment est transporté, en camions-automo-
biles, à Vacquerie-le-Boucq, où la période de repos continue jusqu'au 26 juillet. Le capitaine Collombier, nommé chef de bataillon, passe au 108e régiment. Il est remplacé par le capitaine
Gillain comme adjoint au chef de corps. Le 26 juillet, cantonnement à Noyelle-Vion (E.-M. et 5e bataillon), et à Manin (6e).

Le lendemain, l'E.-M. est à Manin, le 5e bataillon à Givenchy-
le-Noble. Encore cinq jours de repos complet et le 326e va connaître les tranchées de l'Artois qui ont été le théâtre de combats
acharnés et qui ont valu aux troupes françaises les succès les
plus brillants.

Le 2 août, le 6e bataillon, commandé par le capitaine de Biras,
quitte Manin dans l'après-midi, pour effectuer la relève du sec-

leur du Labyrinthe, concurremment avec deux bataillons du 300e. Il est placé sous les ordres du chef de ce régiment.

Le Labyrinthe, célèbre par ses combats de mai, est situé entre Neuville-Saint-Waast et Ecurie ; c'est un enchevêtrement de boyaux, de tranchées, presque inextricable, que nos soldats ont enlevé de haute lutte. Le 326e saura le conserver.

Le 4 août, la 18e compagnie quitte son cantonnement à quatre heures pour se rendre à Mareuil à la disposition du commandant du Génie de la 24e division pour des travaux de réfection de route. La 19e compagnie est envoyée le lendemain.

Par décision ministérielle, la médaille militaire est décernée aux militaires dont les noms suivent :

Chassat H., Faye Léonard, Roux Antoine, Delacouturière Joseph, Duchez Ant., Saule J., Naves J.-A. adjudant-chef, sergent Plazanet.

Dans la nuit du 10 au 11 août, le 6e bataillon est relevé par un bataillon du 108e et va cantonner à Manin. Le 5e bataillon (bataillon Lamartinie), est mis en entier à la disposition du Génie de la 24e division, à Mareuil, pour effectuer des travaux dans le secteur. Le sous-lieutenant Barthe, de la 19e, est blessé par balle au bras gauche en surveillant et dirigeant les travaux de son unité. Le 15 août, le chef de bataillon Collet est cité à l'ordre de l'armée pour sa belle conduite au combat de Yoncq où il a été tué.

Le 6e bataillon est toujours au repos ; le 5e bataillon rejoint ses cantonnements à Givenchy-le-Noble, après avoir accompli sa tâche.

Complété par un bataillon du 300e, le régiment relève le 108e régiment, aux tranchées, dans la nuit du 19 au 20. Le 5e bataillon part à Givenchy-le-Noble à 12 h. 30. Il fait l'étape à pied, la grand'halte à Agnès-les-Duisans et relève à partir de 20 heures.

Les 19e et 20e compagnies occupent la Moissonneuse. Les 17e et 18e sont en réserve de brigade à Mareuil.

Le 6e bataillon est enlevé en camions-auto à 15 heures 30 et conduit à pied d'œuvre.

Le commandant du Régiment et l'état-major sont à la villa Ariane, route de Béthune.

Huit jours de tranchées pendant lesquels on travaille jour et nuit à l'aménagement des positions de combat, des communications; on construit des abris, on pose des défenses. Le secteur est en mauvais état ; le bombardement cause quelques pertes.

Le 20 août, par ordre du régiment no 124 : « Le chef de bataillon Larrieu porte à la connaissance du régiment que par ordre général no 1272 D, en date du 7 août, le général commandant en chef a décidé, après examen des motifs et avis des chefs hiérarchiques, que les militaires ci-après, nommés dans la Légion d'honneur ou la Médaille militaire auront droit à la croix de guerre avec palme :

« Chef de bataillon Larrieu, capitaine Bonafous, capitaine Goetz, adjudant-chef Sudraud Jean, adjudant Dutournier, adjudant Comby, sergent Dumas, sergent-major Cheyroux, tambour Bugeaud, soldat Lamoureux.

« *Signé :* LARRIEU. »

Deux anciens du 326
Adjudant SUDRAUD et Adjudant COMBY

La médaille militaire est conférée aux militaires Fourgeaud Pierre, Robert Raymond, Crouzivialle Henri, Chaput François.

Le 29 août, le Régiment est relevé aux tranchées par le 108e. Il est transporté en camions-autos dans ses anciens cantonnements (état-major et 6e bataillon à Manin ; 5e bataillon à Givenchy. Il reste là huit jours, au repos, fournissant par ordre de la Brigade une compagnie pour confectionner les clayonnages.

Le chef de bataillon Roussarie, malade, est dirigé sur le Dépôt.

Le 6 septembre, le 6e bataillon du 326e, complétant les deux bataillons du 300e relève, aux tranchées, le 108e. Il occupe les mêmes emplacements que pendant la période précédente.

Le 6e bataillon quitte Manin pour s'installer à Givenchy-le-Noble ; le lendemain, il est à la disposition du commandant du secteur pour exécuter des travaux urgents. A cet effet, il va cantonner à Mareuil.

Remise des premières Croix de guerre.

Il y a peu de changements au cours de cette période. Le 12 septembre, le chef de bataillon Larrieu, commandant le 326e, est promu au grade de lieutenant-colonel.

Du 15 au 24 septembre, les bataillons sont à leurs cantonnements habituels ; c'est le repos avant la grande bataille.

Le 17 septembre, remise solennelle de croix de guerre par le lieutenant-colonel Larrieu.

CHAPITRE IX

L A fin du repos est proche ! Ces jours derniers, fantassins, chasseurs, zouaves, passaient... Les artilleurs « légers » et « lourds » s'acheminaient vers les lignes, avec leurs caissons bien garnis, les camions sillonnaient les routes, portant vivres et munitions. Maintenant, le canon tonne avec fracas. Nos artilleurs sont infatigables ; nuit et jour, ils envoient, à profusion, leurs obus chez l'ennemi et le roulement s'accentue. On sait que là-bas on se bat, qu'à travers ce bruit ininterrompu il y a des défenses qui se brisent, des fils de fer qui se coupent, des tranchées qui se comblent, des boyaux qui se nivellent, des mitrailleuses qui sautent, des abris qui s'écrasent, des ennemis qui meurent, de la victoire qui se prépare...

L'heure de l'offensive a sonné ; déjà, l'on a répété la manœuvre, qui bientôt s'accomplira sur le terrain d'action avec plein succès, on l'espère ! Cinq jours de ce régime et nous attaquerons ; mais, malgré ce « pilonnage » d'obus de tous calibres, ils savent bien, les braves cœurs, que même après ce formidable apprêt, il restera des fusils, des mitrailleuses, des canons et que la mort les frappera. L'artillerie a fait son devoir largement, l'infanterie fera le sien.

Le 24, le Régiment quitte ses cantonnements à une heure du matin pour Agnez-les-Duisans, où il arrive à cinq heures. Cantonnement bivouac et départ pour les tranchées à 18 h. 30. Quelques heures, un jour peut-être, nous séparent du moment où il faudra bondir, « en mettre un coup ».

Arrivée en secteur à deux heures du matin ; marche longue, pénible, accomplie dans des boyaux qui, eux aussi, ont souffert du feu ennemi ; parfois des 150 sont venus interrompre cette marche silencieuse, on s'est arrêté, on est reparti jusqu'aux emplacements de combats. Le régiment est placé dans la ligne de dédoublement. Il a six compagnies en réserve de brigade, deux à la disposition du 300e. L'ordre d'attaque pour le régiment est de suivre les premières vagues du 126e ; la direction, tranchée du Moulin, le Moulin, tranchée du Losange, les Tilleuls.

Le bombardement, qui s'est ralenti pendant la nuit, redouble d'intensité à l'aube et 88, 75, 155 font un vacarme épouvantable. De l'autre côté, on ne voit que fumée, poussière. La préparation doit être merveilleuse. On s'apprête. Chacun sait ce qu'il doit faire ; chaque section est bien orientée, personne ne dit rien, mais l'on reçoit des obus. Et l'on attend patiemment l'heure « H ». Minutes anxieuses, que celles de l'attente devant la mort. On revoit le passé, son pays, sa famille, tout ce qui nous est cher. On reviendra, peut-être !...... Avant tout, l'on fera son devoir !...... 12 heures 45, et les sections, sur les gradins de franchissement, sautent des tranchées sur un geste de leur chef. Les compagnies de gauche, appuyant l'attaque du 126e sortent, en deux vagues successives. En quelques minutes, elles arrivent à la première ligne qu'elles franchissent sans s'arrêter. A ce moment, les Allemands au nombre d'une cinquantaine, sortent de leurs trous, se rendent et sont immédiatement conduits à l'arrière. La première vague arrive au Moulin et sans marquer de temps d'arrêt aborde les tranchées du Losange, maîtrise les défenseurs.

Jusqu'ici, presque pas de résistance. Ce n'est qu'à droite du Moulin, que les éléments allemands, restés dans les abris, résistent à des fractions de la 20e compagnie où le sergent-major Maurissan tombe glorieusement frappé.

La tranchée du Losange dépassée, nous subissons un feu nourri des mitrailleuses allemandes. La première vague continue néanmoins sa progression. La contre-attaque se dessine alors ; les premiers éléments du 126e, non soutenus à droite et à gauche, commencent un mouvement de repli et le 326e doit suivre le même sort dès qu'il arrive à sa hauteur. Le lieutenant-colonel Larrieu et le commandant Lamartinie sont blessés en essayant d'enrayer ce mouvement. Ces divers éléments, réunis et mélangés, se maintiennent dans la Tranchée du Losange et s'organisent sous le commandement du capitaine Baudry, qui prend provisoirement le commandement du Régiment. Les Allemands profitant un peu du mouvement de retraite, poursuivent leur contre-attaque avec vigueur. La lutte à la grenade s'engage. La fusillade est intense. Devant la résistance acharnée de nos grenadiers, l'ennemi s'arrête.

Vers le soir, les Allemands attaquent violemment la droite de la tranchée du Losange, tenue par le 326e. Par des dispositions habiles et une ténacité incomparable de la part des nôtres, leur mouvement offensif est enrayé. La lutte à coups de grenades se poursuit toute la nuit, aux différents barrages, avec beaucoup d'intensité, mais sans marquer de progrès de part et d'autre. Pendant que les uns se battent, les autres, armés de pioches et de pelles, relèvent les parapets, remettent la tranchée de tir en état, enlèvent les cadavres. Les sapeurs pionniers ont pris part à l'attaque. Ils ont combattu, car ce sont aussi des fantassins ; les voilà à l'ouvrage : ils creusent, sous le feu, un boyau qui va nous faciliter les communications avec l'arrière et permettre au ravitaillement de s'avancer en toute sécurité, vers la première ligne.

Le 26, au matin, malgré le ciel bas et lourd, la pluie fine et pénétrante, malgré les pertes, malgré la fatigue d'une rude journée, sur le visage de nos hommes se lisait la joie et la légitime fierté de la victoire.

L'aube du 26 est saluée avec joie. Tout le monde est à son poste : la grande contre-attaque ne vient pas. La journée, on s'occupa activement de se relier au 300e, dont la progression a été plus lente ; il n'occupe, à la droite, que la première ligne allemande. La lutte de grenades continue activement ; le Régiment subit un bombardement particulièrement violent aux alentours du Moulin. Le 26, au soir, le 326e bien réorganisé, occupe solidement ses positions en liaison avec le 300e. Dans la nuit du 26 au 27, l'artillerie allemande bombarde les tranchées conquises, avec des 150 et des 210 ; nous avons des pertes ; le moral reste excellent. La nuit du 27 au 28 est employée à réunir la première ligne actuelle et l'ancienne ligne avancée française. Ce travail, effectué par des hommes qui se battent depuis trois jours sans arrêt, est gêné par une forte pluie qui persiste toute la nuit et une partie de la journée du 28.

La lutte n'est pas terminée. Dans la soirée du 28, le Régiment appuie une attaque profonde prononcée par le IIIe corps d'armée, par une vive fusillade qui mène sur nos lignes un violent bombardement de tous calibres, accompagné d'envoi de gaz asphyxiants.

Les pertes sont nombreuses, mais le moral des hommes reste bon. S'ils en « reçoivent », les Allemands qui sont en face « en prennent » aussi. Le barrage est déclanché, de notre part, avec une grande intensité. Le calme revenu, on continue à améliorer ses tranchées et ses communications ; on prend alternativement le fusil, la grenade et la pioche. Cependant, la fatigue commence à se faire sentir ; on se bat depuis quatre jours sans arrêt. Les hommes souffrent la soif. Il ne faut pas compter se reposer ; l'ennemi peut attaquer à tout moment, il faut être prêt. Sous la direction du sous-lieutenant Battud, la lutte reprend à la grenade dans le boyau 560 où nous progressons de 50 mètres, ce qui nous

Équipement léger d'assaut

porte au-delà du réseau de fil de fer et à quelques dizaines de mètres de la tranchée allemande.

La relève du Régiment, annoncée depuis la veille, s'effectue dans la journée du 29 entre deux et quatre heures, par le 6e bataillon du 256e régiment. On revient au cantonnement quitté avant l'offensive.

Pendant l'attaque, le 326e a fait preuve d'un allant et d'un entrain remarquables. Il a beaucoup souffert et ses pertes importantes sont le résultat d'une ténacité, d'un courage qui n'ont cédé en rien aux qualités des Régiments réputés les plus brillants. La situation, un instant compromise, fut rétablie par ce Régiment, toujours des premiers à l'action. Les grenadiers se sont emparés de trois mitrailleuses et de deux lance-bombes ; les pertes, très lourdes, ont été : en officiers, de six tués, huit blessés dont le colonel Larrieu commandant le régiment, le chef de bataillon Lamartinie commandant le 5e bataillon, le capitaine de Biras commandant le 6e bataillon et un disparu, soit en tout quinze officiers ; en hommes, de 93 tués, 214 blessés, 40 disparus, au total 347.

Du 29 septembre, au 4 octobre, séjour à Agnez-les-Duisans. Arrivée du lieutenant-colonel Perrochat, qui prend le commandement du Régiment. Un renfort de 131 hommes vient combler, en partie, les pertes subies durant les derniers jours.

On réorganise le Régiment. Le 30 septembre, un nouveau renfort de 164 hommes arrive. Le 1er octobre, le Régiment vient cantonner à Wanquelin où il reste trois jours.

CHAPITRE X

ANS la soirée du 4 octobre, le 326e part relever les trois bataillons du 50e régiment, dans le secteur de Roclincourt ; il passe à Warlus, Dauville, traverse Arras et Saint-Nicolas. La relève s'effectue dans la nuit, sans incident. Six compagnies occupent le centre de Roclincourt et Nalseas, en liaison, à droite, avec le 126e ; à gauche, avec la 23e division. Une compagnie et demie est placée en soutien à Roclincourt et organise les ouvrages de défense du village. Une demie compagnie tient l'ouvrage de Thelus.

Le secteur est en très mauvais état ; les tranchées et les boyaux démolis, lors de l'attaque du 25, n'ont pas été refaits ou aménagés. La disposition de la première ligne rend la défense difficile ; la vue et le tir sont gênés par les déblais provenant de la parallèle de départ et des boyaux qui y concourent. On décide alors d'organiser la parallèle de départ en tranchée de tir et le travail commence aussitôt : établissement de banquettes, création de créneaux, etc... Les hommes ne perdent pas un instant ; ils travaillent avec ardeur, ils ont à cœur de remettre le secteur en état et c'est avec une certaine satisfaction et raison qu'ils disent : Régiment « belle pioche », mais qui fait des attaques. En effet, le 326e a beaucoup travaillé en secteur. C'est un régiment à fort rendement, qui a sa part de gloire dans les combats qui ont eu lieu jusqu'à ce jour. Ses travaux sont interrompus par une relève inopinée.

Le 7 octobre, le 28e d'infanterie vient occuper le secteur.

Par une marche pénible, le Régiment va cantonner à Grand-Rublecourt (par Deauville-Hauteville-Avesnes-le-Comte) où il ne reste qu'une journée. Le 9 octobre, cantonnement à Izel-les-Hameaux. Quelques heures après l'arrivée, il faut remettre sac au dos et repartir. La 24e division, reprenant les attaques du IIIe corps d'armée, des 25 et 26 septembre, a mission de s'emparer du Château de la Folie, de la Maison du Garde, de la Ferme de la Folie et de la Corne sud du Bois de Bouval. Le 326e aura un bataillon à Bray, aux ordres du lieutenant-colonel commandant le 50e, un bataillon avec la compagnie de mitrailleuses et le chef de corps, aux abris voisins de la route de Béthune, à la disposition du général commandant le 12e corps d'armée.

Le 10 octobre, à 22 heures, le Régiment est alerté et effectue son mouvement qui est terminé à l'heure prévue (5 heures 30). Placés dans la parallèle voisine de la route de Béthune, le 6e bataillon et la compagnie de mitrailleuses ont pour mission d'assurer la défense du front, le cas échéant. Ils doivent être, au cours de l'attaque, portés à Neuville-Saint-Waast et pourront éventuellement être poussés sur la ligne du Vert-Halo, suivant les progrès de l'attaque.

Dans la matinée, les commandants de compagnie effectuent, aux premières lignes, une reconnaissance prescrite par le Colonel commandant la 47e brigade, au cours de laquelle le sous-lieutenant Naves est blessé par éclatement d'un obus de gros calibre. L'heure fixée pour l'attaque est 16 heures 45. Elle ne se déclanche pas et le bataillon est maintenu dans la position de soutien.

Le 12 octobre, le 326e relève le 300e dans le secteur, à la droite de la division. Il a trois compagnies en première ligne, une en soutien et quatre en réserve, établies à Neuville, dans les parallèles voisines.

Pour le moment le secteur est défensif, mais on le remet en état en vue d'une offensive ultérieure. En outre de l'aménagement, la réfection, l'assainissement des tranchées déjà existantes, la pose d'écriteaux, la construction et l'amélioration des divers P. C., le Régiment s'emploie à des travaux de plus grande importance. L'organisation du secteur nécessite la construction d'un boyau (Boyau de la Fourche), d'une parallèle avancée, d'une parallèle de doublement. Ce travail est pénible, lent, à cause du mauvais état de ces éléments à peine ébauchés et nécessite l'emploi de beaucoup de matériel : claies, treillages, etc... Les parallèles sont creusées à découvert. Dans la nuit du 13 au 14, l'ennemi aperçoit nos travailleurs et à 23 heures 30 déclanche sur eux un feu de mousqueterie qui se prolonge près d'une heure. Au cours de ces travaux, la 20e compagnie a 5 tués, dans la nuit du 16 au 17 octobre.

Dans la nuit du 17 au 18 octobre, le 5e bataillon relève en première ligne le 6e bataillon. A cette date, le sens des travaux est modifié par ordre du général et le Régiment commence à creuser de nouvelles lignes de tranchées.

Le 20 octobre, relève par le 300e. Pendant cette période, le 326e a fourni un travail intense dans des conditions défavorables. Les morts du Régiment ont été ensevelis individuellement dans un cimetière créé à Neuville, à proximité du poste de secours. Le chiffre des pertes pendant l'occupation a été de onze tués et 28 blessés.

Le Corps reçoit notification de nombreuses citations obtenues par l'attaque du 25 septembre et des nominations et promotions d'officiers.

CHAPITRE XI

L 21 octobre, le Régiment est au repos dans les cantonnements d'Hermaville et Haute-Avesne, pour un temps indéterminé. On espère, cependant, avoir quelques jours « devant soi » et profiter gaiement des derniers beaux jours.

Le 26, modification dans les emplacements des troupes. Le 5e bataillon, en entier, cantonne au hameau d'Izel. Le 6e bataillon n'a plus que deux compagnies et son état-major à Haute-Avesne, les 23e et 24e compagnies venant occuper à Hermaville, les emplacements laissés libres par les 17e et 18e.

On reçoit notification de plusieurs citations à l'ordre de l'armée, notamment celles du lieutenant-colonel Larrieu et du commandant Lamartinie.

Le Régiment est alerté le 30 octobre, à 10 heures. Il se dirige sur Ecoivre en passant par Haute-Avesne où il arrive à 14 heures 45. Là, il laisse deux compagnies du 5e bataillon en réserve. Les deux autres sont en soutien. Le 6e bataillon est en première ligne. A 20 heures, la 24e compagnie est mise à la disposition du lieutenant-colonel commandant le 108e régiment. Elle participe, le lendemain matin, à une attaque faite par le 108e et au cours de laquelle elle a un tué et six blessés dont le lieutenant Bordes, commandant la compagnie.

La 22e compagnie, à la suite du violent bombardement déclanché pendant l'attaque a également trois tués. Les deux compagnies qui occupaient Neuville (21e et 23e), sont mises à la disposition du lieutenant-colonel commandant le 108e régiment.

Dans la nuit du 31 octobre au 1er novembre, le régiment relève le 108e ; les deux bataillons ont chacun trois compagnies en ligne, une en soutien dans la parallèle de doublement. Il fait un temps affreux, la pluie tombe toute la journée et toute la nuit sans discontinuer. Le 4, au soir, le Régiment est relevé sans incident par le 300e ; le 5e bataillon reste dans le secteur de Neuville, le 6e bataillon va cantonner à Hermaville, Haute-Avesne ; la compagnie de mitrailleuses reste en secteur. Pendant la période, les pertes ont été de 9 tués, 14 blessés et un disparu.

Le 5e bataillon, qui est relevé dans la nuit du 7 au 8 novembre, vient cantonner : 4 compagnies et état-major au Hameau, la 22e compagnie qui occupait cette localité, vient cantonner à Hermaville, dans la soirée. Après un court repos, le 6e bataillon est mis à la disposition de la 47e brigade et envoyé à Ecoivres, pour être employé à des travaux, dans le secteur de Neuville. Toujours travail pénible, il fait froid, il pleut ; les boyaux sont de grandes rigoles.

Le 18 novembre, le 6e bataillon quitte Ecoivres et vient prendre les cantonnements du 5e qui va en secteur, à la disposition du colonel commandant le 300e régiment. Huit jours durant le même travail continue ; on creuse, on aménage des tranchées.

Dans la soirée du 20 novembre, le lieutenant-colonel Perrochat est appelé au commandement du sous-secteur de droite, en remplacement du lieutenant-colonel Moillard. Le 24 novembre, le 108e régiment relève le 5e bataillon qui rejoint les cantonnements du Hameau ; ce bataillon est obligé de céder la place à la 50e division et se transporte à Frevent-Capelle et à Capelle-Fermont. Le repos habituel terminé, le 326e reprend les lignes dans la soirée du 2 décembre. Cette période est particulièrement mauvaise : il pleut tous les jours, sans arrêt ; les tranchées, les boyaux ne tiennent pas. Il y a de nombreux éboulements. La situation devient tous les jours plus angoissante ; les hommes en arrivent à sortir de ce qui était la tranchée pour chercher un peu de terrain qui ne cède pas sous leurs pieds. En face, les Allemands en font autant et pendant quelques semaines, une entente tacite semble être conclue ; l'intensité du feu diminue peu à peu et devient même nulle au bout d'un certain temps. Cependant, de part et d'autre, on ne reste pas inactif ; c'est la préparation d'une nouvelle phase : la guerre de mines.

Le 6 décembre, relève intérieure dans les Bataillons. Le personnel nécessaire pour la constitution de la 2e C. M. de brigade arrive du Dépôt ; il se compose de trois officiers, neuf sous-officiers, 112 caporaux et soldats. Relevés par le 108e, les deux bataillons vont occuper leurs anciens cantonnements. Pendant ces quelques jours de secteur, les Allemands ont poussé activement une mine à la barricade B 6, extrêmité gauche du secteur ; cette mine était prête à exploser au moment du départ.

Le repos, comme de coutume, dure huit jours. En raison du mauvais temps, les hommes ne peuvent se distraire et passer quelques heures de détente agréable.

On remonte aux tranchées, le 19 décembre. En allant reconnaître le secteur, le sous-lieutenant Debat est blessé et évacué.

Ce même jour, la 24e division étend son front vers la droite, englobant ainsi une partie du secteur de la 58e division. A cet effet, le 6e bataillon relève un bataillon du 281e régiment.

Le chef de bataillon Lamartinie est de retour au Régiment. Il prendra, le lendemain, le commandement du 5e bataillon ; le capitaine Gillain assurera le commandement du 6e bataillon.

Dans la nuit du 20 décembre, le 5e bataillon relève un bataillon du 256e, dans le secteur de la 116e brigade ; le lieutenant-colonel Perrochat commande ce secteur jusqu'au lendemain à 7 heures. Il est remplacé par le lieutenant-colonel Moillard du 300e régiment. Les 6e et 5e bataillons du 326e sont en première ligne ; le 6e bataillon est relevé dans la nuit du 25 par un bataillon du 300e et s'établit comme suit : une compagnie à la Maison-Blanche, une compagnie à Neuville, deux compagnies à Mareuil : il est chargé, dans ce dispositif qui doit demeurer permanent, de la défense du centre de Neuville et de l'ouvrage de la Maison-Blanche des travaux que nécessitent leur aménagement et leur entretien. Le P. C. du bataillon est au Portique de Neuville. Le 5e bataillon cède sa place à un bataillon du 126e et va cantonner à Tilloy-les-Hermaville et Izel-le-Hameau.

Sans changement, en ce qui concerne la position des unités, jusqu'au 4 janvier. Quelques relèves intérieures ont lieu, sans incidents : le secteur est assez calme. Le 9 janvier, le Président de la République visite les abris de Neuville ; le P. C. du capitaine Gillain commandant le 6e bataillon, au Portique de Neuville. Le 126e relève dans la nuit du 12, le 5e bataillon qui rejoint ses emplacements précédents à Tilloy-les-Hermaville et Izel-le-Hameau. Le séjour au cantonnement est assez monotone, toujours en raison du mauvais temps. Nouvelle relève le 20 janvier. Le 23 janvier, après avoir fait exploser plusieurs mines, les Allemands attaquent le secteur de droite de la 23e division. Le 107e perd une tranchée et le 78e quelques éléments ; sur notre front, canonnade et forte fusillade mais les Allemands ne sortent pas. Le 326e ouvre l'œil et s'attend à sauter, à son tour, quoi qu'il arrive, il gardera le terrain conquis à son honneur militaire.

L'attente est courte et le lendemain, à l'heure de la relève intérieure du bataillon, une mine explose sous 859 C, l'ennemi déclanche en même temps un bombardement furieux et une fusillade très vive ; il occupe l'entonnoir, s'élance par le boyau 859 C, pénètre dans la première ligne du 78e et quelques éléments de notre ligne avancée (compagnie de droite). Bousculé par quelques soldats pris de panique, le sergent Pauliat de la 2e C. M.

emporte sur son épaule sa mitrailleuse enrayée dès la première bande. A gauche, devant la 17e Cie, aussitôt après l'explosion de la mine, les Allemands sortent au nombre de cinquante environ et se dirigent vers 853 ; ils sont arrêtés par un barrage à la grenade ; quelques-uns arrivent jusqu'au parapet : un officier est tué à cinq mètres de la tranchée. Tous les vivants doivent faire demi-tour et laissent, en fuyant, fusils et grenades sur le terrain. Leur échec est complet.

Au cours de cette affaire, le sous-lieutenant Bouyssou, grièvement blessé, passe le commandement de la compagnie au sous-lieutenant Dussac ; il se fait porter au téléphone et rassure son chef de bataillon en ces termes :

« Je suis blessé grièvement, dit-il, ça ne fait rien ! Je suis très heureux car ma compagnie a bien fait son devoir ! L'ennemi ne passera pas !!... » Bouyssou fut amputé quelques jours après.

A droite. nous contre-attaquons sans retard et reprenons toute la première ligne, sauf le point 859. Une lutte très dure, à la grenade, s'est engagée ; les hommes de la 20e y déploient beaucoup de courage et d'activité ; ils sont aidés par la 18e Cie qui vient les renforcer. A la nuit, la barricade peut être rétablie devant 859 ; le barrage allemand est à cinq mètres. Le lendemain, toute la journée et toute la nuit, les Allemands renouvellent leurs attaques soit à découvert soit par les boyaux, pour reprendre pied dans nos tranchées. Ils échouent à chaque fois devant la résistance de nos grenadiers. Se distinguent au cours de cette journée : le capitaine Serre, les sous-lieutenants Joyon et Dussac.

Les journées des 26 et 27 janvier sont très mouvementées ; de part et d'autre, le bombardement est très intense ; pendant la nuit, les Allemands essaient quelques contre-attaques qui sont repoussées énergiquement.

Le Régiment de droite a cédé du terrain ; nous sommes donc tout à fait en l'air, menacés de débordement de ce côté. Nous restâmes ainsi jusqu'à ce que l'ordre fut donné de modifier cette situation dangereuse, par l'établissement d'une bretelle qui fît disparaître le saillant.

Cette mesure sage ne fut prise que peu de jours avant la relève de la Brigade par les Anglais.

Le barrage 859 a été amélioré ; nous tenons solidement ce point et toutes les attaques dirigées sur lui échouent. Le bombardement par torpilles continue dans la journée du 28 et cause des pertes importantes. Le bataillon est relevé par un bataillon du 126e. Les pertes, au cours de cette affaire, ont été de 15 tués, 3 disparus et 75 blessés.

Pendant les attaques allemandes du 24 au 29, le 6e bataillon a été alerté. Il a subi un bombardement très intense. 900 obus ont été tirés sur Neuville au cours d'une seule après-midi. Le commandant Duméry a repris le commandement de ce bataillon qui est toujours chargé de la défense de Neuville. L'état-major du régiment, la C. H. R. et deux compagnies du 5e bataillon sont cantonnés à Izel-les-Hameaux ; deux compagnies sont à Tilloy. Repos jusqu'au 5 février. Dans la soirée, le 5e bataillon relève le 1er bataillon du 126e. Sans changement pour le 6e bataillon.

A cette date, le capitaine Gillain est nommé chef de bataillon à titre temporaire au 126e régiment.

Jusqu'au 13 février, la période de tranchées est relativement calme. Les boyaux sont assez bombardés. Le 5e bataillon est relevé dans la soirée par le 1er bataillon du 126e et rejoint les anciens cantonnements : Tilloy et Izel-les-Hameaux. Le 6e bataillon est toujours à Neuville et du 1er au 10 février a 3 blessés et un disparu.

Du 14 au 20 février, séjour au cantonnement. Le Régiment reçoit notification des nominations dans l'ordre de la Légion d'honneur du sous-lieutenant Bouyssou et du capitaine Serre, ainsi qu'un certain nombre de médailles militaires et de citations à l'ordre de l'armée.

Le 21 février, le 5e bataillon relève, dans la soirée, un bataillon du 126e. Jusqu'au 24, période calme.

CHAPITRE XII

DANS la soirée du 25 février, le général commandant la 48e brigade communique l'ordre suivant :

« Le Génie fera sauter, demain 26 février, à 17 h. 30, les mines 857 et 859. Le bataillon de droite (326e) fera occuper, aussitôt après, les lèvres ouest des deux entonnoirs. L'artillerie divisionnaire sera invitée à l'avance, par les soins du commandant de la brigade, à commencer aussitôt après l'explosion, un tir de barrage entre le point 564 et l'extrêmité droite du sous-secteur. Indépendamment des lèvres ouest des deux entonnoirs, qui constituent l'objectif principal du 326e, un petit détachement de ce Régiment aura pour mission spéciale de mettre à profit la surprise causée à l'ennemi par l'explosion pour tenter de faire des prisonniers, en attaquant la tranchée allemande entre les deux entonnoirs. Au cas où les Allemands nous devanceraient en provoquant eux-mêmes l'explosion d'une mine qui ferait sauter les deux nôtres, la lèvre ouest de l'entonnoir ainsi produit devrait immédiatement être occupée par le 326e. L'opération prescrite n'en aurait pas moins lieu en ce qui concerne l'autre mine. Cette mission est confiée à deux compagnies : la 20e et la 18e. »

Le 26 février à 17 heures 30, 857 saute. Explosion formidable bouleversant entièrement la tranchée ennemie et projetant de toute part mottes de terre, chevaux de frise et défenseurs ; un nuage de fumée opaque monte de la tranchée. Le sergent Seguy et ses grenadiers intrépides se précipitent vers l'entonnoir qu'ils occupent en moins de temps qu'il n'en faut pour le dire. Les quelques Allemands épargnés jusque-là font barrage à la grenade et essaient vainement de reprendre le terrain perdu : peine inutile. Les grenadiers de la 20e sont là. Ils résistent et restent victorieux.

Sept minutes après, nouvelle secousse : 859 saute. Avec le même élan que la 20e, la 18e occupe les bords de l'entonnoir qu'elle organise rapidement. L'ennemi essaie de se ressaisir mais il est arrêté.

A la suite de cette attaque, menée hardiment et au cours de laquelle nous avons eu deux hommes tués, deux morts des suites de leurs blessures et 14 blessés, le Colonel commandant la brigade félicite les 18e et 20e compagnies et le 5e bataillon pour leur brillante conduite, par l'ordre suivant numéro 47, du 27 février 1916 :

« Le Colonel commandant la brigade félicite les 18e et 20e compagnies du 326e régiment, de l'entrain et des belles qualités militaires dont elles ont fait preuve au cours du coup de main du 26 février. opération d'ailleurs bien préparée par le lieutenant-colonel Moillard commandant le régiment et par le chef de bataillon Lamartinie commandant le bataillon.

« Il est heureux de faire connaître que le général commandant la Division d'infanterie a bien voulu le charger de transmettre également aux unités et aux officiers supérieurs précités l'expression de sa satisfaction. C'est là une récompense bien méritée. »

Le 29. le 126e vient succéder au 326e dans ces tranchées boueuses, pénibles. La relève a lieu sans incident et les bataillons vont prendre leurs positions de réserve, où, pendant plusieurs jours, ils ne goûteront seulement que quelques heures d'un repos relatif (5e bataillon à Mareuil et Maison-Blanche ; le 6e reste à Neuville).

La situation ne permet pas de rester inactif. On ne cesse jamais d'améliorer la position. C'est ainsi que le 5e bataillon est occupé aux travaux de la 48e brigade, le 6e aux travaux de la défense de Neuville. Ils sont soumis, chaque jour, à un bombardement régulier, qui gène considérablement leur tâche. Pendant cette période, le lieutenant-colonel devient gouverneur-général de Neuville-St-Waast.

Jusqu'au 7, sans changement.

Dans l'après-midi de ce même jour, la visite du secteur de Neuville. par les officiers anglais, laisse prévoir une prochaine relève. Du 8 au 11, nouvelle reconnaissance. Cette fois c'est certain. Nos braves alliés vont nous remplacer dans ce secteur dur et épuisant que nos soldats ont eu à cœur d'aménager d'une façon aussi confortable que possible. pour les « Tommies ». Dans la nuit du 12, la relève s'effectue avec un peu de difficultés, étant donné le faible nombre d'interprètes mis à la disposition du commandant d'unités, mais sans incidents.

A remarquer la joie de nos soldats, très heureux d'avoir pu échanger quelques souvenirs (boîtes de conserves, cigarettes, briquets, etc...) avec leurs compagnons d'armes, dont la générosité à cette époque était très appréciée.

Après une marche pénible, l'état-major et le 6e bataillon arrivent à Ambrines ; le 13, au matin, le 5e bataillon à Villers-Sir-Simon et Dauffine. Une journée de repos et le Régiment va cantonner : l'état-major et le 6e bataillon à Bochincourt, le 5e à Rougelay, ainsi que la compagnie du petit Dépôt. Le capitaine Serre est décoré de la Légion d'honneur par le lieutenant-colonel. Déplacement, le 16, par voie ferrée, pour le « grand repos » qui durera à peine quinze jours. Le 5ᵉ bataillon s'installe à Gannes, dans la journée du 17 ; le 6ᵉ bataillon et l'état-major à La Herelle. Jusqu'au 29, les poilus vont enfin retrouver cette tranquillité de l'arrière qu'ils avaient quittée depuis plusieurs mois ; c'est l'heure où l'on s'amuse, où on remet de l'ordre dans ses effets en oubliant les moments pénibles de la guerre.

Cette période de stabilité est mise à profit pour réorganiser le Régiment ; arrivée de renforts, de nouveaux cadres pour combler les vides, remplacer ceux qui ne sont plus, mais qui restent par le souvenir des jours glorieux.

Il y a aussi de nombreuses promotions, qui sont la juste récompense d'un courage, d'une bravoure exemplaires. C'est pendant cette période que la 2ᵉ compagnie de mitrailleuses est formée.

CHAPITRE XIII

E 326e, reposé, bien en main, est appelé sur un nouveau théâtre d'opérations. La bataille de Verdun fait rage. Tout le monde suit les péripéties, parfois angoissantes, de la lutte. Les Allemands, vaincus, continuent à précipiter leurs masses puissantes à l'assaut de la forteresse. A tour de rôle, les fantassins, les chasseurs vont barrer la route à l'envahisseur, vont continuer les sublimes dévouements qui durent depuis le 21 février et dont la glorieuse série n'est pas encore close. Le 30 mai, le Régiment s'embarque à Saint-Just-en-Chaussée ; il quitte les boues de l'Artois, de la Somme pour Verdun ! « Ils connaissent cela. » Ils le savent, tous ces héros, ce qui les attend. A eux de montrer maintenant que leur bravoure ne cède en rien à ceux qui ont supporté héroïquement le premier choc.

Le 31, le 5e bataillon débarque à la station de Demange-aux-Eaux ; le 6, à Houdelaincourt. Le Régiment va cantonner en entier à Morley ainsi que la compagnie Petit Dépôt, pendant trois jours. Le 5 avril, le lieutenant-colonel, les chefs de bataillon ainsi que les commandants de compagnie vont visiter le secteur. Le lendemain, le Régiment part en convois automobiles et débarque, à 12 heures, à Regret.

Alors il est sous le commandement de la 22e division d'infanterie.

Dans la soirée, le Régiment relève le 314e régiment de la façon suivante :

Deux compagnies au Centre c ; demie compagnie, ouvrage de Froide-Terre ; demie compagnie ouvrage Saint-Michel ; trois compagnies à la caserne Miribel (Verdun), ainsi que le P. C. du colonel.

Pendant dix jours, il est employé à des travaux urgents sur les positions intermédiaires et en première ligne. Qui a connu Verdun sait dans quelles conditions se trouvaient ces travailleurs de l « arrière ». Peut-être avions-nous eu à Souain et Neuville des bombardements égaux, mais jamais nous n'avions connu ce feu ininterrompu, appliqué à tout un secteur, depuis la ligne de tir jusqu'à l'extrême arrière. Comme une charrue inlassable, le feu allemand creuse, bouleverse, nivelle et retourne. Il y avait là une tranchée finie la veille ; il faut la refaire. Un réseau intact, il faut le remplacer. Il faut creuser de nouveau, ouvrir la voie, et tout cela sous le croisement continu des projectiles sur les têtes, le grondement inlassable des pièces, le fracas des « arrivées », le déchirement des « départs ».

Etant donné ce rude travail, les compagnies se relèvent de façon que chacune d'elles ait deux jours de repos à la caserne Miribel, pendant que les C. M., sous les ordres du 126e régiment, prennent le secteur. à tour de rôle, tous les quatre jours.

Le commandant Duméry est blessé et évacué. Le capitaine Bardière prend le commandement du 6e bataillon.

Il y a quelques pertes à déplorer. Le 17, au soir, le Régiment est alerté par suite d'une attaque allemande au Bois d'Haudremont. Le bataillon Lamartinie est mis à la disposition du colonel du 19e régiment. fortement éprouvé.

Les trois compagnies disponibles du Régiment (compagnie Bardière) et une compagnie de mitrailleuses ont pour mission d'occuper la ligne des ouvrages 3 et 4 (à peine ébauchée). Trois jours de suite, nos troupes ont à supporter un bombardement très violent, par suite de la presque inexistence des tranchées ; les pertes sont sérieuses. Il fait un temps épouvantable : de l'eau, de la neige ; il y a des pieds gelés !... et sous ce feu, par ces intempéries il faut fournir un travail intense en vue d'établir la ligne, d'organiser de petits abris ; le ravitaillement se fait mal. Quelle énergie physique et morale exige une telle situation !...

Dans la nuit du 20 au 21, les quatre compagnies (commandant Lamartinie) et la compagnie de mitrailleuses, faisant partie du 19e, viennent occuper l'ouvrage de Thiaumont, et, de ce fait, le bataillon est replacé sous les ordres du lieutenant-colonel commandant le 326e.

Le 22, une compagnie est détachée au Fort de Froide-Terre. Le Régiment est relevé par un bataillon du 416e et laisse une compagnie dans les forts, rattachés à la 21e division. Embarquement en convois-autos, le 24, au Bois-Brûlé. Arrivée à Rosières-devant-Bar, où il cantonne, avec le T. R. et le T. C., qui n'arrivent que le lendemain par voie de terre.

La période du 17 au 23 a été particulièrement pénible. Le bombardement incessant de jour et de nuit par obus à gaz, de gros calibres. a causé des pertes importantes. Pendant deux jours, les hommes ont vécu sur leurs vivres de réserve. Ravitaillement très difficile à cause des bombardements et de l'état des terrains. Ce n'est qu'en fin de période que les héroïques *cuistots* avec toute leur force, fiers de leur obscure mission, faisaient toutes les nuits, sous l'averse d'acier, un trajet de huit kilomètres et plus, pour que les gars de l'avant aient du « cœur au ventre », veillent mieux, attaquent plus fort. Le moral est excellent. Les pertes sont de 96 tués et blessés.

Du 25 avril au 5 mai, séjour à Rosières-devant-Bar ; on se repose et l'on s'occupe de la réorganisation du Régiment, qui a énormément souffert pendant la période précédente. La 2e C. M. de brigade, rattachée au 326e régiment est dissoute ; les deux C. M. du régiment sont formées à quatre sections. Le 2 mai, le chef d'escadrons de Clavières est affecté au 326e et prend le commandement du 6e bataillon.

Le repos terminé, le Régiment s'embarque de nouveau en camions, à 7 heures, pour reprendre sa place de combat dans cet horrible secteur. Il arrive au Bois-Brûlé et bivouaque au Bois la Ville, en attendant la nuit.

Dans la soirée, départ pour Verdun, où il est mis à la disposition de la 28e division. Il arrive à 22 heures. La situation des unités est la suivante : Etat-major du régiment, C. H. R. et quatre compagnies du 5e bataillon à la disposition du commandant de la Citadelle Pionniers E. M. du 6e bataillon et trois compagnies du 6e bataillon à Sainte-Catherine.

Le T. R. Blercourt, T. C. à Nixeville. Une compagnie du 6e bataillon (24e) est toujours comme garnison permanente des forts Saint-Michel et Froide-Terre.

Séjour à Verdun le 7. Les trois compagnies du bataillon qui occupent Sainte-Catherine, sont désignées pour occuper le centre D. Elles seront employées toutes les nuits pour des travaux en avant de Froide-Terre. Le mouvement s'exécute dans la nuit. Aucun de ceux qui ont fait ces relèves nocturnes n'oubliera la lourde chute des « arrivées », qui semblaient dire : « On ne passe pas ! » On est passé cependant ; on est passé autant qu'il a fallu pour nourrir d'unités fraîches la ligne de combat. Une fois en secteur, quand on a vu clair, tout se supporte, mais la file indienne, dans le noir, les pieds heurtant les morts, les trous de marmite où l'on bascule et le mot qui passe de bouche en bouche : « Serrez ». C'est le moment atroce et interminable. Pas une hésitation, pas une défaillance, tout le monde à son rang ; voilà ce que nous avons vu chaque fois que le Régiment montait aux tranchées. Ces mêmes hommes, une fois en ligne, n'ont pas seulement fait face à l'effort de résistance inouïe que leur imposait le feu de l'ennemi, ils ont sans exception fourni des attaques et des contre-attaques.

Le 5e bataillon, qui reste à la Citadelle, est mis à la disposition du commandant du Génie de la 28e division. Il ira travailler, tous les soirs, sous un marmitage intense, à l'organisation du secteur de la 55e brigade. Le 6e bataillon, qui a la même mission, établit une tranchée en première ligne que doit occuper une compagnie de mitrailleuses et une compagnie d'infanterie.

Le 10 mai, dans la soirée, l'état-major du Régiment et le 5e bataillon. vont bivouaquer au Bois-des-Vignes. Le 6e bataillon, resté en ligne. continue la tranchée des Sapeurs, dans la nuit du 11 au 12. Le 6e bataillon est retiré du secteur par suite de la relève de la 28e division d'infanterie. La compagnie du 6e bataillon, qui occupait la tranchée des Sapeurs, est relevée par la 17e compagnie.

La section de mitrailleuses reste en place. Le 5e bataillon continue. pendant cette nuit, les travaux commencés par le 6e bataillon.

Les trois compagnies du Régiment, retirées, vont, dans la nuit du 12 au 13, au bivouac du Bois de la Ville.

A ces hommes qui se sont battus, qui se battront, on doit, à tout instant, demander le dur effort de remuer la terre, de remplir les sacs, de les placer, de refaire le parapet, la banquette, le pare-éclats. Jamais un refus, tant est fort le sentiment professionnel de la nécessité, tant est instinctif le geste de se protéger derrière de la terre remuée.

Dans la nuit du 13 au 14, le 5e bataillon est retiré du secteur avec l'état-major. La 17e est relevée par une compagnie du 108e régiment. Ces derniers éléments viennent bivouaquer au Bois-la-Ville. A peine arrivé au cantonnement on s'effondre et l'on dort jusqu'à épuisement de fatigue. Parfois, le réveil est dur, mais on y songe pas. Dans quelques jours, dans quelques heures, peut-être, il faudra remonter « là-haut », alors pourquoi s'en faire ?

Les pertes du Régiment pendant cette période d'occupation du secteur sont importantes.

Du 14 au 21 mai, le Régiment séjourné au Bois-la-Ville. Le repos est court mais nécessaire à tous ces braves pour reprendre la lutte. On se nettoie, on se raconte ses impressions, on dort beaucoup. C'est que là-bas les nuits sont actives ; on ne songe même pas à dormir.

Le 22 mai, le Régiment est alerté ; il part du Bois-la-Ville à 22 heures 30 et arrive à la Citadelle (Verdun) vers minuit où il cantonne. Verdun, cité d'horreur pour les imaginations de l'arrière. Verdun, ville de rêve pour les combattants de l'avant. Les « gros » tombent, c'est entendu. Mais il y a des répits ; il y a des caves ; il y a des abris. On a l'idée d'être là pour cinq jours, six jours, peut-être, et d'avoir cette fois encore « sauvé sa peau ! »

Les cuisines sont là : le jus, la soupe sont soignés de main de maître. On est heureux !...

Le 24 mai, alerte du Régiment à 18 heures. Départ 18 h. 45. L'état-major du régiment, le 6e bataillon et C. M. vont au centre ᴅ, Bois des Vignes ; le 5e bataillon et la C. M. doivent prendre le secteur du 65e bataillon de Chasseurs à la tranchée des Caurettes et la tranchée voisine. En arrivant à La Folie, le bataillon reçoit l'ordre de ne pas faire de relève. Un nouvel emplacement lui est assigné. La 17e compagnie reçoit ensuite l'ordre de monter à la tranchée des Caurettes à la disposition du commandant Fougeras, commandant le 5e bataillon de Chasseurs, pour exécuter une contre-attaque. Les Allemands ont violemment attaqué et se sont emparés de la tranchée Balfourier et de la carrière d'Haudremont. Il s'agit de reprendre le terrain. La mission en est confiée à la 17e compagnie, qui s'en acquitte on ne peut mieux. Le 25, à 14 heures, le commandant du 5e bataillon reçoit l'ordre de se porter, avec la 20e compagnie et sa compagnie de mitrailleuses au commandant Fougeras et de se mettre à sa disposition : opération périlleuse qui se fait en plein jour et à découvert. Le même jour, le 6e bataillon et sa compagnie de mitrailleuses sont alertés à 16 heures 30. A 19 heures 30, ils partent occuper la ligne intermédiaire, devant Froide-Terre, et sont en place à 21 heures. Les Allemands ont réussi à prendre pied aux lisières sud du Bois de Nave.

A 20 heures 30, ordre est donné au 6e bataillon de contre-attaquer l'ennemi et de reprendre pied dans la tranchée Remy. Mais, par suite de la non-connaissance du terrain et du manque de guide, l'opération du 6e bataillon, bien commencée, n'a pu être poussée à fond.

A 9 heures, le bataillon reçoit de nouveau l'ordre de reprendre l'opération de la veille. L'attaque a lieu à 18 heures et réussit pleinement. Le 6e bataillon s'installe dans la tranchée Rémy et s'y organise.

Relève très pénible, à cause du bombardement incessant. Heureusement, on redescend la nuit prochaine ; il a peu de temps à souffrir. Le commandement ménage les unités et les relève aussi souvent que possible. A une heure indéterminée, quand les remplaçants auront pu franchir le passage et gagner le secteur, on se mettra en route bien las... bien lourds, mais contents tout de même, et déjà reposés d'avoir prononcé ce mot le « repos ».

Les guides sont partis pour montrer la route aux nouveaux venus. On les guette, ils arrivent ! Voilà le 410e qui vient succé-

,der au 5ᵉ bataillon et le 403ᵉ qui va tâcher de conserver et d'augmenter les gains du 6ᵉ bataillon. On passe les consignes et, par sections, en avant !... Comme pour venir, c'est le coup de veine. On passera ou on ne passera pas. Peut-être un quart d'heure, peut-être une demi-heure, peut-être plus, il faudra se « flanquer », se coucher, se tapir, puis on repartira. Voilà la Côte redoutable où l'ennemi, sans arrêt, cherche nos batteries. Il est rare qu'on échappe à son feu. Tout le monde est là ; quelques-uns blessés, mais pas de morts, on est content et d'un pas relevé on descend vers Verdun. Le Régiment va bivouaquer au Bois-la-Ville.

Cette période a été la plus rude pour le Régiment, au cours de la bataille de Verdun. L'occupation d'un secteur inexistant, par suite des attaques et des contre-attaques et sous un bombardement jusque-là inconnu, a montré de quoi étaient capables ces braves soldats, aussi ardents dans l'attaque que dans la défense. Par des reconnaissances permanentes en avant du front, ces troupes ont fait preuve d'initiative et d'allant malgré ces puissantes rafales de 150, qui se succédaient sans interruption. Le Régiment quitte le Bois du Chapitre le 31 mai et vient cantonner au Bois-la-Ville près de l'ouvrage de Balaycourt. La 19ᵉ compagnie est toujours dans les forts de Saint-Michel, de Froide-Terre.

Le 4 juin, par ordre du groupement Nollet, les 20ᵉ et 24ᵉ compagnies sont mises à la disposition de la 151ᵉ division pour effectuer des travaux dans le secteur de Froide-Terre. Les deux compagnies quittent le secteur du Bois-la-Ville, à 16 heures, et vont cantonner à la caserne Jeanne d'Arc, à Verdun. La relève s'effectue sans incidents.

Les trois compagnies du 6ᵉ bataillon (21ᵉ, 22ᵉ et 23·) sont mises à la disposition de la 48ᵉ brigade pour des travaux dans le secteur de Marre. Les compagnies travailleront deux nuits consécutives avec relève tous les deux jours. Repos de la journée intermédiaire au Bois de Chana. Même travail et mêmes dispositions pour le 5ᵉ bataillon ; jusqu'au 14 juin, les compagnies des deux bataillons se relèveront pour les travaux à effectuer au Bois de Chana et à Froide-Terre. Elles prendront leur repos au Bois-la-Ville.

Le 15 juin, dans la matinée, le Régiment quitte le bivouac du Bois-la-Ville et vient occuper le Camp C, près de l'ouvrage de Baleycourt. La 23ᵉ compagnie arrive à trois heures venant de la caserne Niel où elle a passé trois jours aux travaux du Pont-de-Thierville. Très éprouvé par les pertes et la fatigue, le Régiment quitte ce front de bataille, le 18 juin, où il s'est distingué à maintes reprises. C'était l'enfer !... Ils sont tous fiers, cependant, d'être allés à Verdun, l'endroit où ça « bardait ». Jeunes et vieux. ils ont été combattants, terrassiers. Toujours, quand il a fallu, les poilus du 326e ont été prêts au combat, prêts à la défense, prêts à l'attaque, maîtres de leurs corps et de leurs âmes.

$$ \text{\LARGE ❧❧❧❧❧❧❧❧❧❧❧❧❧❧❧❧❧} $$

CHAPITRE XIV

LE Régiment est embarqué, en convois-autos, au Circuit de Nixeville, à 11 heures du matin. Il va cantonner, en entier, à Bignicourt-sur-Saulx, où il arrive à six heures du soir.

Le 20 juin, le 326e est dissous et passe :

11 officiers et 67 hommes de troupe au 126e régiment ; — 38 officiers et 1355 hommes de troupe au 300e régiment.

Le 5e bataillon reste constitué et devient le 4e bataillon du 300e régiment, corps dans lequel il continuera les belles traditions de ce Régiment d'élite qu'était le 326e, qui avait toujours été remarquable, non seulement par ses qualités combatives, mais encore par ses qualités morales, par sa discipline restée intacte dans les moments les plus pénibles, par sa belle tenue, par son esprit excellent qui se manifestait à toute occasion, qui se traduisait par l'amour de l'homme pour son chef, affection réelle prouvée par mille exemples.

Dans la journée du 20 juin, revue des troupes par le Colonel commandant la Brigade, qui prononce une allocution vibrante, relatant les faits d'armes du Régiment. Remise de la Croix de guerre et défile devant le Drapeau. A cette occasion, le lieutenant-colonel Perrochat rédige l'ordre du jour suivant :

« Officiers, sous-officiers et soldats,

« Par décision du Général commandant en chef, en date du 4 juin 1915, le 326e Régiment d'infanterie est supprimé pour cause de nécessité d'organisation.

« Ainsi va disparaître ce numéro que nous étions tous si fiers de porter. moi surtout votre chef. Avant de nous séparer, pour être versés à d'autres unités, j'ai tenu à vous présenter, encore une fois, notre cher Drapeau, à l'ombre duquel vous avez combattu si vaillamment à Blagny, à Yoncq, à Voncq, au Mont-Moret, à Saint-Hilaire-le-Grand, à Régneville, à Neuville-Saint-Waast et devant Verdun !......

« Vous l'avez contemplé avec fierté : vous en aviez le droit. Vous vous êtes toujours conduits bravement, sans aucune défaillance et les lauriers que vous avez conquis en Lorraine, en Cham-

pagne, en Artois et dans la Meuse, seront la parade imprenable
de notre jeune Drapeau !...

« Avant de le quitter, adressons un salut fraternel et un témoi-
gnage d'admiration à nos camarades du 326ᵉ qui sont tombés
pour lui, en braves, sur les champs de bataille où le Régiment
a combattu.

« A cause d'eux, surtout, conservons précieusement au fond du
cœur le souvenir de ce 326ᵉ qui nous était si cher... Mais quelque soit le numéro sous lequel nous serons appelés à servir
désormais, rappelons-nous que ce seront toujours les trois mêmes
couleurs qui flotteront sur nos têtes et que, si les circonstances
l'exigent, nous devrons tous verser notre sang jusqu'à la der-
nière goutte pour le triomphe et la grandeur de la France.

« Officiers, sous-officiers, caporaux et soldats, je vous ai vus
à l'œuvre, et je suis convaincu que le Pays peut compter sur vous.
Votre passé répond de l'avenir !...... »

Le 21 juin 1915, départ du Drapeau pour le Dépôt.

Officiers tués pendant la Guerrre

Dates des Combats	COMBATS	NOMS ET PRÉNOMS	GRADES
28 août 1914	Yoncq	PORTES	Capitaine
28 août 1914	—	COLLET	Commandant
28 août 1914	—	EXEH	Lieutenant
9 sept. 1914	Mont-Moret	GRILLON	Lieutenant
25 sept. 1915	Neuville - St-Waast	VIGNAL	Ss-Lieutenan
—	—	BARTHE	S'-Lieutenant
—	—	LAFEUILLE	Ss-Lieutenant
—	—	DE BIRAS	Capitaine
—	—	MERPILLAT	Lieutenant
—	—	MEYNARD	Ss-Lieutenant
—	—	BORDES	Ss-Lieutenant
26 mai 1916	Verdun	GALLOIS	Ss-Lieutenant
—	—	RIVES	Lieutenant

Officiers blessés pendant la Guerre

Dates des Combats	COMBATS	NOMS ET PRÉNOMS	GRADES
24 août 1914	Blagny	BONNAFOUS	Capitaine
—	—	PILLOT	Lieutenant
28 août 1914	Yoncq	DE LAUZON	Capitaine
—	—	FAU	Lieutenant
31 août 1914	—	MUZARD	Lieut-Colonel
9 sept. 1914	Mont-Moret	MAZET	Capitaine
—	—	DENOIX	Lieutenant

Dates des Combats	COMBATS	NOMS ET PRÉNOMS	GRADES
9 sept. 1914	Mont-Moret	BRUGÈRE	Capitaine
—	—	SECRÉTAIRE	Lieutenant
—	—	MERPILLAT	Lieutenant
—	—	SCLAFFER	Lieutenant
—	—	ROCHE	Lieutenant
20 sept, 1914	St-Hilaire	GOETS	Capitaine
9 avril 1915	Regneville	PILLOT	Lieutenant
13 avril 1915	—	TASSY	Capitaine
16 août 1915	Neuville-St-Waast	BARTHE	Ss-Lieutenant
25 sept. 1915	—	LARRIEU	Lieut-Colonel
—	—	LAMARTINIE	Commandant
—	—	TASSY	Capitaine
—	—	GALTIER	Lieutenant
—	—	MAZALEYRAT	Ss-Lieutenant
—	—	SAUS	Ss-Lieutenant
—	—	FARAIL	Lieutenant
—	—	POURQUIER	Ss-Lieutenant
11 octob. 1915	—	NAVES	Ss-Lieutenant
24 janvier 1916	—	BOUYSSOU	Ss-Lieutenant
26 mai 1916	Verdun	DUSSAC	Ss-Lieutenant
—	—	CLANET	Ss-Lieutenant
—	—	CATALIFAUD	Ss-Lieutenant

LISTE DES CHEFS DE CORPS

Ayant commandé le 326ᵉ Régiment d'Infanterie

pendant la Campagne 1914, 15 et 16,

Le Lieutenant-Colonel MUZARD . du 28 août 1914 au août 31 1914.
Le Capitaine LARRIEU.......... du 31 août 1914 au 7 septem. 1914.
Le Commandant LARRIEU ...... du 7 sept. 1914 au 12 sept 1914.
Le Lieutenant-Colonel LARRIEU. du 12 sept. 1914 au 25 sept. 1915.
Le Lieut.-Colonel PERROCHAT.. du 29 sept. 1915 au 20 juin 1916.

Quelques belles Citations

obtenues par des Militaires du 326ᵉ R. I.

Larrieu Pierre, chef de bataillon

« A fait preuve des qualités les plus brillantes pendant les combats du 7 au 10 septembre, au cours desquels l'unité qu'il commandait placée sur un des points les plus attaqués, a constamment repoussé et contre-attaqué l'ennemi en lui infligeant des pertes considérables. »

Coussy, soldat réserviste

« Faisant partie d'une patrouille a été blessé ; voyant le chef de patrouille grièvement blessé à son tour, est revenu jusqu'à sa Compagnie pour chercher des hommes ; est retourné ensuite chercher le sergent qu'il a ramené à sa Compagnie sous le feu des Allemands. »

Kuhnholtz-Lordat, lieutenant

« S'est brillamment conduit le 28 août ; commandant la section d'avant-garde le 31 août, a fait preuve pendant cette journée qu'il a passée tout entière sous un feu des plus violents de belles qualités d'entrain et d'énergie. A été pour les hommes un admirable exemple. »

Baudry René-Joseph, capitaine

« A fait preuve depuis le début de la campagne d'énergie et d'entrain. Le 31 août, commandant la Compagnie d'avant-garde, s'est maintenu sur ses positions toute la journée sous un feu violent. Au cours d'une reconnaissance dans la soirée, a fait un capitaine et 72 hommes prisonniers. »

Muzard Aimé, lieutenant-colonel

« Chef de corps d'une grande bravoure ; a pris part à tous les combats livrés depuis le 21 août. A été blessé mortellement au combat du 31 août en menant son Régiment à l'attaque. »

Rougier François, sergent

« Sujet d'élite. Agent de liaison chargé de porter un ordre, a été blessé dès son départ. A néanmoins rempli sa mission sans manifester aucune faiblesse et n'a consenti à se faire panser qu'après avoir rempli sa mission. »

Collet Louis-Marie, chef de bataillon

« Officier supérieur d'une grande bravoure, d'une grande activité. A brillamment conduit son bataillon aux combats de Blagny le 24 août et de Yoncq le 28 août. A été tué au cours de ce dernier combat en se portant seul en avant de sa troupe pour reconnaître l'ennemi, sous un feu intense d'artillerie et de mousqueterie. »

Deville Léon, sergent

« Sous la fusillade et sans se soucier du danger, s'est porté debout au secours de son chef de section mortellement atteint et a été lui-même tué d'une balle en le rapportant vers la tranchée. »

Tribier Marcel, caporal

« S'est volontairement offert pour faire une patrouille périlleuse. Mortellement blessé est tombé en disant : « Je meurs pour la France ».

Delpy Jean-Baptiste, caporal-fourrier

« Très brillante conduite au feu ; a fait l'admiration de toute sa Compagnie par son courage et son mépris du danger. A été tué glorieusement en montant à l'assaut d'une tranchée allemande le 25 septembre. »

Fougeannet Jean, soldat

« Très brave au feu, calme devant le danger. Blessé deux fois depuis le début de la campagne, blessé une troisième fois à l'attaque du 25 septembre 1915, s'est pansé lui-même et a continué à combattre au milieu de ses camarades. »

Sauret Henri, adjudant

« Ses hommes travaillant en terrain découvert à 100 mètres de la ligne allemande, a fait preuve d'une bravoure rare et d'un complet mépris de la mort dans l'installation et la direction des travailleurs. Est resté continuellement debout sans jamais consentir à se baisser, malgré une grêle de balles afin de donner l'exemple à ses hommes au cours d'un travail dangereux. A été atteint mortellement. »

Joyon Albert, sous-lieutenant

« Au cours des combats du 24 au 27 janvier 1916, a pris le commandement d'une équipe de grenadiers, a réussi à refouler l'ennemi et à maintenir le terrain conquis malgré les violentes contre-attaques allemandes, en prenant part personnellement à la lutte à la grenade pour remplacer ses grenadiers hors de combat. »

Brunerie Marcel, sergent

« Bon sous-officier énergique et résolu. Grièvement blessé en se portant en avant le 28 août 1914 ; laissé sur le champ de bataille et fait prisonnier par l'ennemi, a réussi, après deux tentatives infructueuses, à s'évader d'Allemagne et à rejoindre son régiment. »

Buge Pierre, caporal

« Caporal d'une bravoure et d'une énergie au-dessus de tout éloge. A, à plusieurs reprises, et dans des circonstances très difficiles, pris lui-même le commandement de fractions voisines de la sienne et réussi, par son attitude crâne, à y maintenir l'ordre et la discipline. A été blessé en se prodiguant ainsi. »

Godefroy Fernand, soldat-brancardier

« Faisant partie d'une équipe de volontaires, est allé en plein jour et sous un bombardement des plus violents à la recherche des blessés tombés sur le terrain conquis. A été mortellement frappé aux côtés de son chef de service, 27 septembre 1915. »

Lamartinie Jean-Joseph-Camille, chef de bataillon

« Son bataillon ayant été violemment attaqué à la suite de l'explosion d'une mine, a pris rapidement et avec sang-froid d'excellentes dispositions qui lui ont permis d'arrêter et de rejeter l'attaque ennemie. »

Richard Maurice, sergent

« A fait preuve au cours des combats des 24, 25, 26 et 27 janvier 1916 de la plus grande énergie et d'un réel mépris du danger. Chargé de la défense d'un petit poste situé très près de la ligne allemande et constamment balayé par les grenades, a maintenu sa fraction en place et a posé sous le feu de l'ennemi des défenses accessoires en avant du poste. »

Clanet Henri, sous-lieutenant

« Avec un entrain remarquable, s'est porté à la lèvre de l'entonnoir d'une mine qui venait de sauter, s'y est maintenu et l'a organisée malgré un feu intense de mousqueterie et de grenades. »

Bouffechoux Lucien, adjudant

« S'est porté à plusieurs reprises de sa propre initiative et sous une grêle de balles, en avant d'une barricade, rechercher du matériel abandonné momentanément et l'a rapporté dans nos lignes, donnant ainsi à tous ses hommes un magnifique exemple de sang-froid, de courage et de décision. »

Seguy Julien, sergent

« Etant chef d'un groupe chargé de pénétrer dans la tranchée allemande, entre les deux entonnoirs, s'est élancé bravement à la tête de ses hommes, aussitôt après l'explosion de la mine. Blessé dès le début de l'action, a encouragé ses hommes à continuer le mouvement. »

Rebière François, caporal

« Sous un violent bombardement d'obus de gros calibre, un projectile ayant éclaté non loin de lui, tuant un soldat, en blessant deux et en ensevelissant deux autres, s'est porté au secours des deux militaires ensevelis, a réussi à les déterrer malgré le bombardement intense, donnant ainsi à ses camarades un bel exemple de courage et de mépris du danger. »

Demargne Germain, sergent

« Merveilleux gradé, toujours volontaire ; a fait exécuter, les 21 et 22 avril, des travaux en avant des lignes dans un terrain violemment battu. A été d'un remarquable exemple pour les hommes qu'il commandait par le sang-froid et le réel mépris du danger dont il a fait preuve. »

Marcellaud Elie, caporal

« Excellent caporal, dévoué, courageux ; s'est distingué dans la nuit du 19 au 20 avril 1916 où, de concert avec son chef de demi-section, il s'est porté à quelques mètres des lignes ennemies sous une violente fusillade pour chercher un de ses hommes grièvement blessé. A répété cette opération à trois reprises différentes. »

Dunaud Daniel, sergent

« Chargé au Mont-Moret (10 septembre, soir) de conduire une patrouille, s'est trouvé entouré d'ennemis ; s'est tiré de la situation grâce à son sang-froid et a terminé sa mission sans perdre un homme. »

Cauderlier Jules, sergent

« Au cours de travaux de nuit exécutés le 26 avril à proximité de l'ennemi, a été très grièvement blessé (poumon perforé par un schrapnell). Transporté immédiatement au poste de secours, n'a eu qu'une seule idée : savoir
quand il serait guéri afin de revenir sur le front. A montré ainsi le mépris
de la souffrance et a été d'un très bel exemple pour ses hommes. »

Battud Antoine, sous-lieutenant de réserve

« A montré la plus grande énergie en maintenant sa section sous un feu
des plus violents, le 9 septembre, au Mont-Morel ; quoique légèrement blessé, n'a pas quitté le commandement de sa section. S'est brillamment conduit le 24 septembre à l'attaque des tranchées en avant de Saint-Hilaire, a
traversé sous un feu violent d'artillerie 400 mètres de terrain pour aller
prendre les ordres du commandant de Compagnie et a entraîné bravement
ses hommes à l'attaque hors de la tranchée. »

Guidière, sergent

« Le 9 septembre 1914, a énergiquement maintenu ses hommes sur une
position très bombardée. Mortellement blessé, s'est écrié : « Je meurs content, puisque c'est pour la France. »

Marchoux, soldat

« Chargeur d'un calme et d'un sang-froid admirables. A l'attaque du 25
septembre 1915, renversé par l'explosion d'un obus de gros calibre, a rejoint
sa section après avoir repris ses sens, donnant ainsi la preuve de son mépris du danger ; dédaignant d'utiliser lee boyaux, a repris sa place, s'y rendant par terrain absolument découvert, sous le feu. Blessé le 26 septembre
1915. »

Puydebois Jean, soldat

« S'est porté en tête des grenadiers au-devant des Allemands qui essayaient
de progresser dans un boyau, les a arrêtés, fait reculer ; a ensuite construit
une barricade sous le bombardement des grenades. A été grièvement blessé
au cours d'une deuxième contre-attaque. »

Langle Antoine, caporal

« Blessé par l'éclatement d'une torpille, n'a pas voulu abandonner la barricade qu'il défendait et a pris la direction de l'attaque dont le chef venait
d'être mis hors de combat. »

Janicot Léonard, soldat

« Agent de liaison à sa Compagnie, d'un courage à toute épreuve. Sous un bombardement violent et continu, a toujours assuré la transmission des ordres d'une façon parfaite, donnant ainsi à tous un véritable exemple de courage et de fermeté. Est tombé glorieusement le 16 avril 1916. »

Cuissot Georges, sergent

« Excellent sous-officier d'un courage et d'un dévouement absolus. Ayant été blessé à la tête dans la nuit du 19 au 20 avril 1916, a tenu à rester avec sa fraction pendant la vive fusillade déclanchée par l'ennemi et ne s'est fait panser qu'une fois le calme complètement rétabli. »

Marcillaud François, adjudant-chef

« Au front depuis le début de la campagne. Sous-officier brave et énergique qui s'est distingué maintes fois dans l'accomplissement de missions périlleuses, notamment dans la période du 17 au 24 avril 1916 où il a dirigé, sous de violents bombardements, plusieurs reconnaissances qui ont permis d'obtenir de précieux renseignements sur les positions de l'ennemi. »

David Henri, caporal

« Etant chef de poste d'écoute, le 26 août 1915 dans un boyau commun et à quelques mètres de l'ennemi, a été blessé par un éclat d'obus ; a continué à assurer son service sans se soucier de sa blessure. Sentant son bras s'ankyloser, a fait prévenir son chef de section, n'est allé se faire soigner qu'après avoir passé ses consignes au caporal qui venait le relever ; ne s'est rendu au poste de secours qu'après en avoir demandé l'autorisation à son capitaine et a fait tout son possible pour n'être pas évacué. »

Rebière Edouard, caporal-brancardier

« Caporal d'un zèle et d'un dévouement à toute épreuve. A, depuis le début de la guerre et dans toutes les circonstances, montré un esprit de discipline et un courage au-dessus de tout éloge, notamment au cours des combats du 25 au 28 septembre 1915. »

Cathalifaud François, adjudant-chef

« Blessé à la figure et aveuglé momentanément par l'explosion d'un dépôt de munitions, n'a pas quitté son poste et encourageait ses hommes pour les faire travailler à dégager trois de leurs camarades ensevelis sous les décombres. »

Fouret Emile-Pierre, soldat

« Excellent soldat, au front depuis le début de la campagne, la jambe gauche traversée d'une balle, a montré une belle maîtrise de soi-même, s'excusant auprès des officiers qui l'entouraient du dérangement qu'il leur occasionnait. »

Jaunie Pierre, caporal-bombardier

« S'est particulièrement distingué lors des derniers combats par son mépris du danger ; légèrement atteint le 1er novembre 1915, à la suite de l'explosion d'un dépôt de munitions, n'en a pas moins continué intégralement son service. »

Paroissien Alphonse, sous-lieutenant

« Officier-mitrailleur d'une grande énergie et d'un sang-froid remarquables. A assuré d'une façon parfaite, au cours des combats du 23 au 27 janvier 1916, le commandement des mitrailleuses de première ligne contribuant ainsi efficacement à repousser les attaques ennemies. »

Combradet Martial, soldat

« Soldat d'élite ; a défendu une barricade périlleuse pendant quatre jours comme grenadier, sous une pluie de grenades allemandes. Volontaire, s'est toujours placé au poste le plus dangereux. »

Pradeau Gérard, soldat

« Excellent soldat-pionnier, très courageux. Chargé d'organiser une barricade sous le feu de l'ennemi après l'explosion d'une mine, s'est acquitté de sa mission avec une bravoure remarquable, jusqu'au moment où il a été blessé. »

Pourceau Louis, soldat

« Soldat courageux, s'est élancé à l'assaut des tranchées ennemies le 25 septembre 1915 et a été grièvement blessé au moment où il venait de franchir la troisième tranchée allemande en tête de ses camarades. »

Roche François, soldat

« A fait preuve d'une fermeté de caractère exceptionnelle pendant les bombardements particulièrement violents et meurtriers, sur une position organisée par son unité, où il est glorieusement tombé. »

Clément Gustave, sergent

« Sous-officier-mitrailleur d'une conduite exemplaire au feu. Ayant eu le tympan perforé et de multiples contusions, sous un bombardement d'une très grande violence, a néanmoins assuré pendant 36 heures, le commandement de ses pièces. Est resté jusqu'à l'extrême limite de ses forces au milieu des survivants de sa section qui avait subi de fortes pertes. »